Transdisciplinaridade

Ubiratan D'Ambrosio

Palas Athena

Título original: *Transdisciplinaridade*

Copidesque: Edvaldo Pereira Lima
Revisão de provas: Therezinha Siqueira Campos
Daniela Moreau
Capa: Ademar Assaoka
Diagramação: Maria do Carmo de Oliveira

Catalogação na fonte do Departamento Nacional do Livro

D156t
D'Ambrosio, Ubiratan, 1932 -
Transdisciplinaridade / Ubiratan D'Ambrosio. -
São Paulo: Palas Athena, 1997.
174 págs. 14 x 21cm
Inclui bibliografia

ISBN 978-85-7242-015-0

1. Abordagem interdisciplinar do
conhecimento.
I. Título.

CDD-121

3ª edição, maio de 2012

PALAS ATHENA EDITORA
Alameda Lorena, 355 - Jardim Paulista
01416-001 - São Paulo - SP - Brasil
fone: (11) 3266.6188
www.palasathena.org.br editora@palasathena.org.br

Índice

Este livro não é linear.
As partes foram escritas em momentos diversos,
sob motivações diversas.
É o mais próximo, escrito, a um estilo
de pensamento não linear.
Assim, são inevitáveis algumas repetições.

Missão de Honra

A transdisciplinaridade não constitui uma nova filosofia. Nem uma nova metafísica. Nem uma ciência das ciências e muito menos, como alguns dizem, uma nova postura religiosa. Nem é, como insistem em mostrá-la, um modismo. O essencial na transdisciplinaridade reside numa postura de reconhecimento onde não há espaço e tempo culturais privilegiados que permitam julgar e hierarquizar – como mais corretos ou mais verdadeiros – complexos de explicação e convivência com a realidade que nos cerca.

Repousa sobre uma atitude aberta, de respeito mútuo e humildade em relação a mitos, religiões, sistemas de explicações e conhecimento, rejeitando qualquer tipo de arrogância ou prepotência. Na sua essência, a transdisciplinaridade é transcultural. As reflexões transdisciplinares navegam por idéias vindas de todas as regiões do planeta, de tradições culturais diferentes. Repousam sobre as idéias de indivíduos de formação e experiências profissionais as mais diversas.

A essência de sua mensagem é o reconhecimento de que a atual proliferação das disciplinas e especialidades, acadêmicas e não acadêmicas, conduz a um crescimento incontestável do poder associado a detentores desses conhecimentos fragmentados. Essa fragmentação agrava a crescente ineqüidade entre indivíduos, comunidades, nações e países. Além disso, a transdisciplinaridade entende que o conhecimento fragmentado dificilmente poderá dar a seus detentores a capacidade de reconhecer e enfrentar as situações novas, que emergem de um mundo a cuja complexidade natural acrescenta-se a complexidade resultante desse próprio conhecimento – transformado em ação – que incorpora novos fatos à realidade, através da tecnologia.

A humanidade é apenas uma dentre as milhões de espécies vivas que vêm surgindo e se extingüindo na Terra há muito tempo. Esta espécie, a nossa, já está ameaçada de extinção por meios desenvolvidos por ela própria. Acumulou conhecimentos e capacidade de ação sobre a realidade, que resultam num enorme poder concentrado em cada um de nós. Tal situação pode definir um paraíso ou um inferno para nossa efêmera existência. Vê-se que o ritmo de crescimento dessas capacidades acelera-se, trazendo junto o risco igualmente acelerado de perdermos a visão do todo, à medida que nos aprofundamos cada vez mais nas minúcias e detalhes associados a disciplinas, subdisciplinas e especialidades.

A ameaça associada a uma aparente irreversibilidade do processo é compensada por uma tomada de consciência da fragilidade desse estilo de aquisição de conhecimentos e capacidades. A própria evolução do modelo ameaçador nos revela suas inadequações, suas distorções. Sua impossibilidade de uma visão global, holística, do homem como integrante da totalidade cósmica.

A única alternativa que nos resta é nos integrarmos nessa totalidade cósmica por etapas, a começar pela nossa integração pessoal, como indivíduos. Mente e corpo, consciente e inconsciente, material e espiritual, nosso saber e fazer, constituem um repertório de dicotomias com as quais nos habituamos e aceitamos como normalidade.

Temos que superar essas dicotomias. Temos que vencer a dominância do ser (substantivo) sobre o ser (verbo). Ao superar essa definição do eu, estaremos em condições de redefinir nossas relações com o outro. A partir de então, estarão abertas as portas de um novo relacionamento com os diferentes, com a natureza como um todo e com o cosmos na sua totalidade. Esta é a essência da **ética da diversidade**, que apresentaremos neste livro.

A busca de uma sociedade integrada no nosso entorno familiar – o outro mais próximo –, no nosso entorno comunitário – a nossa tribo –, no nosso entorno nacional – o nosso país –, são etapas necessárias para chegarmos à integração da humanidade como um todo – nosso planeta. Daí poderemos nos situar num contexto muito mais amplo, transcender nossa existência tão efêmera e avaliar nossa dimensão como indivíduos na realidade cósmica. Então, espera-se que a arrogância, a inveja, a prepotência cedam lugar ao respeito pelo diferente, à solidariedade para com o outro, à cooperação na preservação do patrimônio comum.

Eliminar a arrogância, a inveja e a prepotência, adotando em seu lugar o respeito, a solidariedade, a cooperação, é o objetivo maior da transdisciplinaridade. Nossa missão é nada mais do que propor um pacto moral entre todas as pessoas interessadas numa nova perspectiva de futuro para a humanidade. A base dessa perspectiva é a identificação do muito que pode ser ainda transformado.

O Planeta Ameaçado e a Transdisciplinaridade

A marcha em direção à globalização da economia é conseqüência da crescente adoção, em todo o mundo, de um mesmo sistema de propriedade, produção e divisão do trabalho. Identificada com a modernidade, essa marcha parece ignorar, lamentavelmente, a ameaça à sobrevivência da civilização no planeta.

A globalização é a culminância de um processo que se iniciou há cerca de 500 anos com os episódios de conquista de novos territórios, por parte dos europeus, e com a implantação do regime colonial. Um dos efeitos desse processo foi a decuplicação da população do planeta. A Europa, com 67.000.000 de habitantes em 1500, passa a 498.000.000 em 1990. As Américas, de 42.000.000 em 1500, passam a 724.000.000 em 1990.

Esse aumento de população é devido principalmente a uma abundante produção agrícola, destacando-se o milho e a batata. O equilíbrio entre as populações e os recursos – uma conseqüência natural dos princípios ecológicos – entrou em choque com o desequilíbrio entre as populações e as riquezas – uma conseqüência natural do capitalismo baseado em propriedade e produção. Esse choque manifesta-se na demografia.

Desenvolve-se, por sua vez, a utilização desmesurada da energia fóssil. O solo passa a ser valorizado de outra maneira e a propriedade tem agora o sentido de essencial para a espécie. Essa essencialidade exige o trabalhar a propriedade para que produza. O trabalhador e a propriedade confundem-se como posse. Dissociar os dois parece hoje uma tarefa hercúlea.

Por outro lado, o declínio das populações autóctones nas Américas é alarmante. Chegamos à conclusão de uma ausência de sabedoria demográfica no pensamento científico moderno, talvez causado pela miopia disciplinar.

Para quem faz uma reflexão sobre as ameaças que pesam sobre o planeta, sobre a vida e sobre as freqüentes violações da dignidade de indivíduos e de culturas, fica evidente a necessidade da busca de uma nova ordem mundial, que aborde de maneira essencial a questão do trabalho e da propriedade. Conseqüentemente, abordará a questão dos Estados e das soberanias.

Fica muito claro que as opções subordinadas aos esquemas – propostos pelo conhecimento científico e identificados com a idade moderna – conduzem a um padrão repetitivo.

Exemplo disso é a proposta marxista de uma sociedade capitalista tendo como proprietário o Estado. A proposta de uma sociedade comunista dentro desse modelo, arremedo do capitalismo coexistente com ela, mostrou sua fragilidade. Não poderia ser diferente, pois a estrutura de propriedade – não importa se o proprietário é um indivíduo ou é uma comunidade –, e de produção associada a ela, são frutos de um mesmo pensar. Um é resultado do outro.

Uma crítica ao estado atual do conhecimento e às práticas associadas conduz ao que muitos chamam de modernidade, que sempre procura salvar as principais características do pensar disciplinar. Para uma reflexão apropriada sobre a situação contemporânea do mundo, porém, torna-se imprescindível outro pensar, que é o da transdisciplinaridade.

A fundamentação teórica que serve de base à transdisciplinaridade repousa sobre o exame, na íntegra, do processo de **geração, organização intelectual, organização social** e **difusão** do conhecimento. Esse exame depende de uma crítica que emerge, inevitavelmente, da nossa tradição disciplinar. Nesse contexto, poder-se-ia dizer que o projeto transdisciplinar é intra e interdisciplinar, abarcando o que constitui o domínio das ciências da cognição, da epistemologia, da história, da sociologia, da transmissão do conhecimento e da educação.

Metodologicamente, o projeto reconhece que na sua aventura, enquanto espécie planetária, o homem (espécie *Homo sapiens sapiens*), bem como as demais espécies que a precederam, tem seu comportamento alimentado pela aquisição –

através da construção e da reconstrução – do conhecimento, do fazer e do saber que lhe permite sobreviver e transcender. A aquisição ocorre através de maneiras, modos, técnicas ou artes (*techné*) de explicar, conhecer, entender, lidar, conviver (*matema*) com a realidade natural e sóciocultural (*etno*) na qual o indivíduo está inserido.

Em todas as culturas e em todos os tempos, o conhecimento – gerado pela necessidade de respostas a problemas e situações distintas – está subordinado a um contexto natural, social e cultural. Os indivíduos e os povos têm criado, ao longo da história, instrumentos teóricos de reflexão e observação. Associadas a esses instrumentos, também desenvolveram técnicas e habilidades (*teorias, techné, ticas*) para explicar, entender, conhecer, aprender (*matema*), visando saber e fazer, como resposta a necessidades de sobrevivência e de transcendência.

Dentro do espírito evolutivo da interação entre o conhecimento e o contexto que o envolve, é que proponho o **Programa Etnomatemática**. Embora surja como uma teoria geral do conhecimento – uma vez que estuda todo o ciclo desde sua geração, passando pela organização intelectual e social, até sua difusão –, o fato de o nome sugerir o *corpus* de conhecimento reconhecido academicamente como matemática tem tirado, ao Programa Etnomatemática, seu caráter de uma teoria geral, abrangente e transdisciplinar. Muitas vezes o programa tem sido visto apenas como um enfoque à educação matemática.

Essa coincidência, que acabo lamentando – o lamento vem por conta de uma escorregada na vaidade! – foi percebida depois que resolvi adotar a raiz grega *matema(ta)* para compor a palavra etnomatemática. Poderia ter cunhado *suedemendevisa* ou até mesmo escapar das raízes indo-européias, e trabalhar com raízes tupi-guarani ou bambara. O que não deveria ser difícil, pois todas as culturas – todos os povos – estão à procura de explicações e modos de lidar com a realidade. Naturalmente, a parecença de etnomatemática e matemática não é puramente gráfica, nem puramente casual. De fato, em todas as culturas encontramos manifestações relacionadas – até mesmo identificadas – com o que hoje se chama matemática. Essas manifestações ocorrem nas culturas através de processos de organização, distribuição, classificação e reconhecimento de formas. Associadas a elas, encontram-se símbolos de contagem, medição, inferência, geralmente mescladas a – ou dificilmente distinguíveis de outras manifestações, hoje identificadas como arte, religião, música, técnicas, ciências. Tais manifestações foram desenvolvidas com a finalidade de explicar, conhecer, aprender, saber/fazer. Todas aparecem, indistinguíveis como formas de conhecimento, num primeiro estágio da história da humanidade e da vida de cada um de nós.

No processo de aquisição de conhecimento, criam-se códigos e símbolos, que são o que constitui **cultura** e identifica uma **sociedade.** Os membros de uma sociedade compartilham maneiras de explicação, artes e técnicas próprias e específicas a ela. A sociedade desenvolve o seu próprio *matema.* A partir daí, nascem suas normas de comportamento, seus modos de propriedade, seus estilos de produção, sua estrutura de poder e sua divisão de trabalho. Essas categorias só podem ser entendidas em função de uma crítica que abrange todo o processo desde sua geração, organização sóciointelectual e difusão. Desse ponto, poderemos evoluir para uma redefinição das mesmas.

A percepção desse processo como integrado a um ciclo, subordinado a uma dinâmica resultante da intra e da interculturalidade inevitáveis e essenciais como propulsoras da criatividade, é a essência da transdisciplinaridade. Não assumir essa complexidade foi próprio da modernidade, procurando reduzi-la a categorias variáveis – segundo os interesses do capitalismo associado a ela – e a modismos decorrentes.

Essa fuga ao substantivo parece repetir-se na tão propalada pós-modernidade. Na verdade, o melhor seria chamá-la de neo-modernidade, pois continua sendo um culto de heróis, uma característica da nossa origem greco-romana, para os quais se constrói um panteão – a "escola" – frágil como um castelo de cartas.

As categorias sublinhadas neste texto dão a oportunidade de mencionar, brevemente, toda a complexidade envolvida no pensamento transdisciplinar. A busca de entender os sistemas de propriedade, assim como o conseqüente controle da produção e a distribuição de trabalho, de entender o indivíduo e suas relações com o outro, de entender a inserção do indivíduo na sociedade, tudo isso nos leva a questionar o porquê do trabalho.

Ao examinar o inconsciente, vê-se que o essencial está na transição do inconsciente ao consciente. Este, infelizmente, é tratado em subordinação a normas de comportamento e códigos estabelecidos pela sociedade conservadora. E não se pode falar em educação sem interpretá-la como o desenvolvimento de metodologias para a cooptação do próximo. De modo geral desconsidera-se um exame do resultado desta atitude, que provoca muitas vezes, por exemplo, a anulação do indivíduo. Esses aspectos essenciais da sociedade, que se manifestam em estudos sobre a economia, psicologia e educação da modernidade, são abordados da mesma maneira nessa pós-modernidade.

Cada setor ampara-se no culto a especialistas. A admissão no clube acadêmico se dá quando o formulário de sócios é aprovado pela comissão competente! Agora, no Brasil, a inscrição nesse clube passará previamente por um exame nacional. É de pasmar!

A metáfora do clube se dá, na sociedade como um todo, da mesma maneira com que uma ciência rejeita como não válidas as explicações que não satisfazem aos preceitos epistemológicos dominantes. Do mesmo modo como a história do vencedor rejeita a história do vencido. E do mesmo jeito com que sistemas de explicação ainda insuficientemente organizados são rejeitados em nome de teorias que tampouco explicam. Talvez tenham sucesso em predizer, como coloca René Thom em uma de suas mais interessantes entrevistas, *Prédire n'est pas Expliquer* (Éditions Eshel, Paris, 1991). É por isso que nossa crítica transdisciplinar ao vigente – que procuramos conhecer e dominar para poder criticar – nos leva a não rejeitar grupos e seitas, na maioria das vezes relegados à clandestinidade. É dessa dinâmica do aceito e do escondido, do que pode e do que é proibido, do real e do fantasioso, que resulta o novo conhecimento. Destaco, como referência a esse assunto, a belíssima imagem pertinente no livro de Robert Musil, *O Jovem Törless* (Nova Fronteira, São Paulo, 1979).

Somente com a visão do processo cíclico de geração, organização sóciointelectual e difusão do conhecimento e da dinâmica associada, é que podemos nos situar num contexto mais amplo. Podemos transcender nossa existência, avaliando nossa dimensão como indivíduos na realidade cósmica. Não há, na descrição do conhecimento – tanto o individual quanto o dos grupos e da humanidade como um todo –, um começo, delineado e preciso, nem um fim. É tudo parte de um processo em que o passado e o futuro se encontram para determinar o instante.

Diferentemente do que ocorre num corte de Richard Dedekind ao definir número real – talvez o conceito mais essencial no desenvolvimento do que é aceito como preciso e rigoroso na matemática moderna –, esse encontro se dá num *pli*, como descrito por René Thom, em que o passado e o futuro estão presentes no processo de criação. Nesse momento, os elementos que chamei em outros trabalhos de etos e aquiescência convivem, estabelecendo um pacto que abre espaço para o novo. Este é o meu conceito de criação consciente. O resultado é a produção de fatos novos que se incorporam à realidade. Sua relação com a criação inconsciente – como ocorre nos sonhos, onde o passado e o futuro têm características ainda inexplicadas – é objeto da nossa busca transdisciplinar. Esse é um tema importante no Programa Etnomatemática. O que as variadas linhas psicoanalíticas – tão em moda na pós-modernidade – propoem é pouco satisfatório. A noção de tempo ainda resiste às suas investidas.

Acredito que somente com muita coragem joyceana podemos sair do conforto de uma ciência fascinante – que pretende tudo explicar, mas que está longe de resolver o problema mais elementar das relações consigo mesmo, com o outro e com a natureza – e reiniciar a viagem pelo desconhecido, ultrapassando a modernidade e as subseqüentes pós e neo-modernidades. Não será pela mera substituição de gurus – Marx por Foucault, Freud por Lacan e outras novas preeminências – e sua conseqüente substituição, nem pela adesão a outras "escolas", que se estará superando a ferrugem e o ranço da modernidade. A superação só ocorrerá pela mudança radical da abordagem.

Espera-se então que nessa fase da evolução da espécie, a arrogância, a inveja e a prepotência – historicamente vistas como distorções capitais no relacionamento do indivíduo com sua totalidade interior e igualmente com a realidade exterior – cedam lugar ao respeito pelo diferente, à solidariedade, à colaboração na preservação do patrimônio comum.

À GUISA DE BIBLIOGRAFIA

Antecipando a solicitação de referências para este trabalho, vejo-me constrangido a colocar, como fonte primeira, uma vida de mais de 60 anos meditando, recolhido no meu próprio eu, no estilo prescrito por São Bento e por mestres orientais.

Uma vida, igualmente, procurando o outro através da leitura de tudo que passou e passa pelas mãos e do que é recomendado. Uma vida de ouvir e interpelar não só os mestres credenciados pela academia, mas também o povão impregnado de sabedoria. Uma vida de ver não só o belo e prazeroso, mas igualmente o brutal e o repugnante. De viajar pelos roteiros turísticos estabelecidos mas, como prescreve Machado, de também fazer meu caminho ao andar. De visitar não apenas museus e galerias mas igualmente mercados e praças populares. De confraternizar não só em coquetéis e banquetes, mas do mesmo modo à vontade em filas de ônibus, festas de bairro, escolas de samba, jogos de futebol e manifestações políticas. De elevar o espírito em missas e outros cultos consagrados, mas também em terreiros e sessões (às vezes condenadas e até proibidas). De conhecer e procurar entender lugares simplesmente porque estão lá, e pessoas simplesmente porque são. De reconhecer que as fontes resultam da sede e essa sede tem sido insaciável.

Muito das idéias assim geradas estão expostas em meus livros *Da Realidade à Ação* (Summus, São Paulo, 1986) e

Etnomatemática – Arte ou Técnica de Explicar e Entender (Ática, São Paulo, 1990). Estão também no livro – em co-autoria com Pierre Weil e Roberto Crema – *Rumo à Nova Transdisciplinaridade – Sistemas Abertos de Conhecimento* (Summus, São Paulo, 1993).

Mas é sempre conveniente para o leitor ter algumas referências básicas. Talvez bastasse, como referências essenciais, a coleção *Os Pensadores*, da Abril e, já um pouco pasteurizadas, a nova *Encyclopædia Britannica* e a *Encyclopédie Philosophique Universelle* da P.U.F. Mas há sempre o pedido por algo específico. Cito, portanto, as importantes coleções de ensaios em *Fragments for a History of the Human Body*, 3 volumes, editado por Michel Feher com Ramona Naddaff e Nadia Tazi (Urzone Inc., Nova York, 1989), e em *Inside versus Outside: Endo- and Exo-Concepts of Observation and Knowledge in Physics, Philosophy and Cognitive Sciences*, editado por H. Altmanspacher e G. J. Dalenoort (Springer-Verlag, Berlim, 1994).

Também destaco as obras de George G. Simpson e Eduardo Subirats. No caso de George G. Simpson, destaco sua obra póstuma de ficção *The Dechronization of Sam Magruder* (St. Martin's Press, Nova York, 1996).

A vasta obra de Subirats, principalmente sua visão da pós-modernidade, tem sido traduzida para o português. Seu livro mais recente, *El Continente Vacío* (Anaya, Madri, 1994), coloca numa nova perspectiva a evolução da consciência moderna, em função do fato de maior importância dos últimos 504 anos, que foi a conquista do Novo Mundo. O impasse resultante dos modos de propriedade, de produção e consumo, bem como da divisão de trabalho, todos oriundos da conquista e suas ramificações, coloca-nos na encruzilhada entre a sobrevivência e a extinção da civilização no planeta. É isto que está a demandar, urgentemente, uma nova opção para a humanidade.

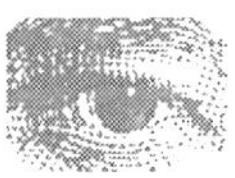

Comportamento e Transdisciplinaridade

Ao longo da história, os indivíduos e as sociedades empreendem esforços para lidar e conviver com a realidade natural e sóciocultural. Procuram também explicações. Isto deu origem às ciências, às matemáticas, aos modos de comunicação, às línguas. Assim como às religiões e às artes. A tudo a que chamamos "conhecimento", enfim, muitas vezes também chamado "saber". Os indivíduos que se destacam são os que atingem seu potencial de criatividade porque conhecem.

Todo conhecimento é o resultado de um longo processo cumulativo, compreendendo os estágios de geração, organização intelectual, organização social e difusão. Esses estágios são estudados na teoria da cognição, na epistemologia, na história e na educação. O processo como um todo – extremamente dinâmico e jamais finalizado – está sujeito a condições muito específicas de estímulo e de subordinação ao contexto natural, cultural e social. Assim é o ciclo da aquisição individual e social do conhecimento.

Nossas reflexões sobre educação multicultural nos levam a ver o ato de criação como o elemento mais importante em todo esse processo. É uma manifestação do presente, uma transição entre o passado e o futuro. Isto é, a aquisição e elaboração do conhecimento se dá no presente, como resultado de todo um passado, individual e cultural. Visam estratégias de ação que se manifestam no presente, projetam-se no futuro – do imediato até o de mais longo prazo –, modificando a realidade e incorporando a ela novos fatos, artefatos e mentefatos. São a resposta a nosso esforço para **transcender** o momento da nossa existência. O **ser** (substantivo) humano, como todas as espécies vivas, procura **sobreviver.** Não se sabe qual o motivador dessa força – embutida no mecanismo genético – de sobreviver como indivíduo e como espécie. Simplesmente constata-se que essa força existe. Sobrevivência e transcendência constituem a essência do **ser** (verbo) humano.

As reflexões sobre o presente, como a realização da nossa vontade de sobreviver e de transcender, devem ser necessariamente de natureza transdisciplinar e holística. Nessa visão, o presente, que se configura como a interface entre o passado e o futuro, está associado à ação e à prática. O foco de nosso estudo é o homem, como indivíduo imerso numa realidade natural e social. O presente é o momento em que essa (inter)ação do indivíduo com seu meio ambiente, natural e sóciocultural, se manifesta. Chamo a essa interação de **comportamento**.

É justamente o comportamento – que também denominamos **fazer**, ação, prática –, identificado com o presente, que determina a teorização. Isto é, explicações organizadas resultantes da reflexão sobre o fazer, que chamamos de **saber** ou simplesmente conhecimento. Na verdade, o **conhecimento** é o substrato da ação comportamental, permitindo a qualquer ser vivo interagir com seu meio ambiente. Portanto, é a essência do estar vivo. Visualizando o fluxo, temos o **ciclo vital**:....

—> ***Realidade*** *que informa o* ***Indivíduo*** *que a processa e executa uma* ***Ação*** *que modifica a* ***Realidade*** *que informa o* ***Indivíduo*** —> ....

No caso do *Homo sapiens sapiens*, essa ação se dá mediante o processamento de informações captadas da realidade – considerada na sua totalidade como um complexo de fatos naturais e artificiais – por um processador que constitui um verdadeiro complexo cibernético. Sim, pois opera uma multiplicidade de sensores, memória, comandos, fantasia, intuição e outros elementos que ainda mal podemos imaginar. O processamento dessa informação *(input)* tem como resultado *(output)* estratégias para a ação inteligente.

Em outros termos, o homem executa seu ciclo vital não apenas pelo instinto animal de sobrevivência, mas pela busca de sobrevivência e de transcendência através da **consciência** do fazer/saber. Faz porque está sabendo e sabe por estar fazendo. Isto provoca efeitos na realidade, criando novas interpretações e utilizações da realidade natural e artificial, modificando-a pela introdução de novos fatos, **artefatos** e **mentefatos**.

A denominação "concreto" e "abstrato" é incoerente, pois repousa no modo de captar esses fatos, enquanto artefato e mentefato têm a ver com sua geração.

A consciência é como o propelente da ação do homem em direção à sua sobrevivência e transcendência, ao seu saber fazendo e fazer sabendo. Assim, o conhecimento é o gerador do saber, que por sua vez vai ser decisivo para a ação. Portanto, no comportamento, na prática, no fazer é que se avalia, redefine e reconstrói o conhecimento.

O processo de aquisição do conhecimento é, pois, essa relação dialética saber/fazer, propelida pela consciência. Realiza-se em várias dimensões. Dessas destacamos, como as mais reconhecidas e interpretadas, a **sensorial**, a **intuitiva**, a **emocional** e a **racional**. Numa concessão a classificações disciplinares, diríamos que o conhecimento religioso é favorecido pelas dimensões intuitiva e emocional, enquanto o conhecimento científico é favorecido pelo racional, e o emocional prevalece nas artes. Essas dimensões não são dicotomizadas nem hierarquizadas, mas sim complementares. Desse modo, não há interrupção entre o saber e o fazer. Não há priorização entre um e outro, nem há prevalência nas várias dimensões do processo. Tudo se complementa num todo que é o comportamento e que tem como resultado o conhecimento. Conseqüentemente, as dicotomias corpo/mente, matéria/espírito, manual/intelectual e outras tantas, que impregnaram o mundo moderno, são meras artificialidades.

O presente, como interface entre o passado e o futuro, se manifesta pela ação. Está assim identificado com o comportamento. Tem a mesma dinâmica. Isto é, alimenta-se do passado, é resultado da história do indivíduo e da coletividade, de conhecimentos anteriores, condicionados pela projeção do indivíduo no futuro. Tudo ocorre a partir de informação proporcionada pela realidade. Pelo presente, portanto. Armazenam-se na realidade todos os fatos passados, feitos e completados, que informam o(s) indivíduo(s). Essas informações são processadas pelo(s) indivíduo(s), resultando em estratégias de ação que dão origem a novos fatos (artefatos e/ou mentefatos), por sua vez incorporados à realidade, modificando-a e se armazenando na coleção de fatos e eventos que constituem a realidade em incessante modificação. O passado assim se projeta, pela intermediação de indivíduos, no futuro.

Mais uma vez a dicotomia passado e futuro se vê como artificialidade, pois o instante que vem do passado e se projeta no futuro adquire o que seria uma transdimensionalidade que poderíamos pensar como uma dobra (um *pli* no sentido das catástrofes de René Thom). Esse repensar a adimensionalidade do instante dá à vida, incluindo os "instantes" do nascimento e da morte, um caráter de continuidade, de fusão de passado e futuro no instante. Daí dizermos que não há um presente congelado, como não há uma ação estática, como não há comportamento sem uma retroalimentação instantânea (**avaliação**) que resulta de seu efeito. Assim podemos ver o comportamento como o elo entre a realidade – que informa – e a ação, que modifica a realidade.

A ação gera conhecimento. Gera a capacidade de explicar, lidar, manejar, entender a realidade. Gera o *matema*. Essa capacidade se transmite e se acumula, horizontalmente, no convívio com contemporâneos, através de comunicações. Acumula-se, verticalmente, do indivíduo para si mesmo (**memória**) e de geração em geração (**memória histórica**). Experiências vividas pelo indivíduo no passado incorporam-se à realidade e informam indivíduos, como os demais fatos da realidade, através do mecanismo da memória. Esta tem a mesma natureza que os mecanismos de informação associados aos sentidos, à informação genética e aos mecanismos emocionais. O indivíduo não é só. Há bilhões de outros indivíduos da mesma espécie com o mesmo **ciclo vital**:.... —> ***Realidade*** *que informa o* ***Indivíduo*** *que a processa e executa uma* ***Ação*** *que modifica a* ***Realidade*** *que informa o* ***Indivíduo*** —> .... E há bilhões de indivíduos de outras espécies com comportamento semelhante, modificando incessantemente a realidade.

O indivíduo está inserido numa realidade cósmica como um elo entre toda uma história desde o início, um *big-bang* ou equivalente, até o momento. As experiências do passado constituem a realidade na sua totalidade, determinando um aspecto do comportamento de cada indivíduo. Sua ação resulta do processamento de informações recuperadas. Essas experiências compreendem a experiência de cada indivíduo e as experiências na sua totalidade, incluindo a da totalidade de indivíduos. São, em grande maioria, irrecuperáveis *(non-retrievable)*. A recuperação dessas informações (memória individual, memória cultural, memória genética) constituem o desafio da psicanálise, da história e de inúmeras outras ciências. Constituem inclusive o fundamento de certos modos de explicação (artes e religiões). Numa dualidade temporal, esses mesmos aspectos de comportamento se manifestam nas estratégias de ação que resultarão em novos fatos – artefatos e mentefatos – que se incorporarão na realidade, determinando o futuro. As estratégias de ação são motivadas pela projeção do indivíduo no futuro (suas vontades, ambições, motivações e tantos outros fatores) imediato e longínquo, até o que seria um momento final. Esse é o sentido da **transcendência** referido anteriormente.

Na descoberta do outro e dos outros, o homem desencadeia o processo de gerar conhecimento como ação. Este é enriquecido pelo intercâmbio com os outros, imersos no mesmo processo, via a que chamamos **comunicação**. Embora os mecanismos de captar e processar informação, definindo estratégias de ação, sejam individuais e se mantenham como tal, são enriquecidos pelo intercâmbio. A comunicação estabelece um **pacto (contrato)** entre as partes. O estabelecimento desse pacto é um dos fenômenos mais importantes do comportamento humano, pois permite definir estratégias para uma **ação comum**. Isso não deve eliminar a capacidade de ação própria de cada indivíduo, inerente à **vontade (livre-arbítrio)**, mas pode inibir certas ações. A ação comum que resulta de comunicação pode ser uma **in**-ação, resultante do pacto. E assim se originam ações desejáveis a ambos e se geram inações não desejáveis para uma ou ambas as partes. Insistimos no fato de esses mecanismos inibidores não serem transformadores dos mecanismos próprios de informação e de processamento de cada indivíduo, mantendo-se a individualidade expressa nesses mecanismos.

Facilmente essas noções generalizam-se para o grupo, para a comunidade e para um povo, através da **comunicação social** e de um **pacto social.** Isso não elimina a vontade própria de cada indivíduo ou o livre-arbítrio. O conhecimento gerado pela interação comum, resultante da comunicação social, será um complexo de **códigos** e **símbolos** organizados intelectual e socialmente naquilo que chamamos **cultura**. Cultura é o que vai permitir a vida em **sociedade**. Cultura é o substrato de conhecimento, de saberes/fazeres e do comportamento resultante, compartilhado por um grupo, comunidade ou povo.

As sociedades – portanto os sistemas culturais – se encontram, se vêem mutuamente expostas e sujeitas a uma dinâmica de interação, produzindo um comportamento **intercultural** entre grupos de indivíduos, comunidades, sociedades. A interculturalidade vem se intensificando ao longo da história da humanidade. Particularmente importante, pelas conseqüências que dela resultaram, foi a decorrente do período chamado "grandes navegações", na segunda metade do século XV, que resultou numa globalização da visão e da ação política. Novos códigos e símbolos foram conhecidos, novas culturas foram identificadas. Alguns códigos e símbolos se universalizaram, afetando profundamente as maneiras de explicar, conhecer, conviver e manejar a realidade natural, social e cultural próprias a todas as sociedades que se encontraram. O resultado é a geração de uma nova cultura, com novos sistemas de códigos e símbolos, que passou a se denominar **ciência moderna**, com profundas conseqüências para toda a humanidade. Nasce então o mundo moderno.

A pluralidade dos meios de comunicação de massa, facilitada pelos transportes, leva essas relações interculturais a dimensões verdadeiramente planetárias. Nota-se em alguns casos o predomínio de uma forma sobre outra, algumas vezes a substituição de uma forma por outra e mesmo a supressão e a eliminação total de alguma forma. Na maioria dos casos, porém, o resultado é a geração de novas formas culturais, identificadas com a modernidade. Estamos vivendo um período em que os meios de captação e processamento de informação de cada indivíduo encontram, nas comunicações e na informática, instrumentos auxiliares de alcance inimaginável em outros tempos. A interação entre indivíduos também encontra, na teleinformática, grande potencial, por ora difícil de se aquilatar, de gerar ações comuns.

Ainda dominadas pelas tensões emocionais, as relações entre indivíduos de uma mesma cultura (**intracultural**), mas sobretudo as relações entre indivíduos de culturas distintas (**interculturais**), representam o potencial criativo da espécie. Assim como a biodiversidade representa o caminho para o surgimento de novas espécies, a diversidade cultural representa o potencial criativo da humanidade. Inicia-se uma nova era que abre enormes possibilidades de comportamento e conhecimento planetários, com resultados sem precedentes para o entendimento e harmonia de toda a humanidade. Não a homogeneização biológica ou cultural da espécie, mas a convivência harmoniosa dos diferentes, através do respeito mútuo, da solidariedade e da cooperação. Naturalmente sempre existiram e agora, graças aos novos meios de comunicação e transporte, serão notadas com maior evidência as maneiras diferentes de explicações, de lidar e conviver com a realidade, criando necessidade de um comportamento que transcenda mesmo as novas formas culturais. Eventualmente o tão desejado livre-arbítrio, próprio do **ser** (verbo) humano, poderá se manifestar num modelo de **transculturalidade** que permitirá a cada ser humano atingir a sua plenitude. A etapa em direção a esse novo estágio na evolução da nossa espécie é muitas vezes chamada **multiculturalismo** e vem se impondo nos sistemas educacionais de todo o mundo.

Esta exposição sintetiza a fundamentação teórica que serve de base a um programa de pesquisa sobre a **geração, organização intelectual, organização social** e **difusão** do conhecimento. Na linguagem disciplinar poder-se-ia dizer um programa interdisciplinar abarcando o que constitui o domínio das ciências da cognição, da epistemologia, da história, da sociologia, da transmissão do conhecimento e da educação. Metodologicamente, esse programa de pesquisa reconhece que, na sua aventura enquanto espécie planetária, o homem (espécie *Homo sapiens sapiens*), bem como as demais espécies que a precederam – os vários hominídeos reconhecidos desde há 4.5 milhões de anos –, tem seu comportamento alimentado pela aquisição, através da construção e da reconstrução, de conhecimento, de fazer(es) e saber(es). Essa aquisição permite-lhe sobreviver e transcender através de maneiras, modos, técnicas ou mesmo artes (*techné*) de explicar, conhecer, entender, lidar, conviver (*matema*) com a realidade natural e sóciocultural (*etno*) na qual ele, homem, está inserido.

Em todas as culturas e em todos os tempos, o conhecimento, gerado pela necessidade de uma resposta a problemas e situações distintas, está subordinado a um contexto natural, social e cultural. Indivíduos e povos têm, ao longo de sua existência e ao longo da história, criado e desenvolvido instrumentos de reflexão, de observação. Têm criado instrumentos teóricos, técnicas, habilidades (*teorias, techné, ticas*) para explicar, entender, conhecer, aprender (*matema*), para saber e fazer, como resposta a necessidades de sobrevivência e de transcendência, em ambientes naturais, sociais e culturais (*etnos*) os mais diversos. Daí chamarmos o exposto aqui de **Programa Etnomatemática**. O nome sugere o *corpus* de conhecimento reconhecido academicamente como matemática. De fato, em todas as culturas encontramos manifestações relacionadas e mesmo identificadas com o que hoje se chama matemática (processos de organização, classificação, contagem, medição, inferência), geralmente mescladas ou dificilmente distinguíveis de outras formas contemporaneamente identificadas como arte, religião, música, técnicas, ciências. Essas formas foram desenvolvidas com a finalidade de explicar, conhecer, aprender, saber/fazer. Todas aparecem, num primeiro estágio da história da humanidade e da vida de cada um de nós, indistinguíveis como formas de conhecimento.

Sugestão de leituras

Pierre Weil, Ubiratan D'Ambrosio e Roberto Crema, *Rumo à Nova Transdisciplinaridade – Sistemas Abertos de Conhecimento,* Summus, São Paulo, 1993.

Ubiratan D'Ambrosio, *Da Realidade à Ação,* Summus, São Paulo, 1986.

Ubiratan D'Ambrosio, *Etnomatemática – Arte ou Técnica de Explicar e Entender,* Ática, São Paulo, 1990.

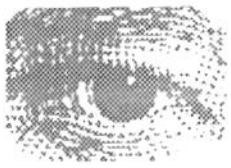

Apelo às Consciências Vivas

O QUE NOS UNE?

Estamos aqui para nos aconselharmos mutuamente.
Devemos construir pontes espirituais e científicas
ligando as nações do mundo.

Albert Einstein

Vivemos um momento de indicadores fortes e disseminados de nacionalismos, de fundamentalismos e "volta às bases" ("bases" significando olho por olho!). Neste contexto, é necessária uma visão planetária. Mesmo no Brasil, construído por estrangeiros – que voluntária ou forçosamente aqui chegaram, desde o século XVI, para dominar e impor aos nativos modos alienígenas de explicação, entendimento e enfrentamento da realidade –, há uma tendência crescente para tratar mais duramente os "desviantes". Reivindicações no sentido de eliminá-los, mesmo por meio da pena de morte, estão se espalhando pelo mundo inteiro.

No entanto, não vemos nenhum entusiasmo pelo amor. Usemos de novo o Brasil como exemplo. No auge de nosso festejo mais importante, o carnaval, algumas pessoas criticam os desfiles mostrados pela televisão. Dizem que são imorais – os trajes são sumários – e, portanto, devem ser proibidos. Contudo, na mesma semana do carnaval vemos outras cenas. Não mais de desfiles e de pessoas felizes dançando e se amando, mas sim de atrocidades. Há poucos anos, testemunhávamos a alegria dos soldados na guerra do Golfo diante da eficácia de bombardeios a alvos civis – com a explicação de que lá poderiam existir objetivos estratégicos – e, mais recentemente, ouvimos racionalizações em que ambos os lados da antiga Iugoslávia pretendiam justificar suas atrocidades. Mas ninguém alega que essas cenas são imorais.

Minhas posições são confirmadas pelas cenas de televisão que mostravam pilotos voltando dessas ações. Estavam contentes porque puderam ver os alvos, lançar os mísseis e verificar que tudo de material havia sido destruído. Mesmo se apelarmos para o princípio insustentável do *bellum justum*, ver esses pilotos felizes, sorridentes, comemorando os resultados de suas missões de morte e destruição, é perturbador. Entrevistas e cenas de pessoas felizes e amorosas, fantasiadas de palhaço, são banidas. Mas pilotos paramentados para a morte são saudados e festejados como heróis. Todos se lembram dessas cenas. Qualquer coisa viva deveria ser destruída, a causa justificava. Uma bomba que destruísse edifícios e preservasse a vida – caso fosse possível! – não passou de um projeto, enquanto que armas que liqüidam pessoas e preservam prédios são intensivamente produzidas. Uma vida vale menos do que um edifício. Vimos, na televisão, largos sorrisos de contentamento, quando os alvos eram atingidos. Essas faces são obscenas! Uma parada militar, mostrando canhões e bombas, é aplaudida. Um desfile que apresenta alguns corpos nus e belos é combatido em nome da moralidade!

Devo confessar que algumas vezes sinto-me embaraçado, na presença de minha neta de cinco anos, vendo na televisão esses corpos despidos. Muitas outras pessoas sentem o mesmo. Mas a maioria concordará que esse embaraço é moderado, quando comparado com a repulsa e a vergonha de ver um piloto alvejando uma casa, apertando um botão e verificando o total sucesso de seu ato: destruição e morte! Não posso mostrar o rosto à minha neta, quando uma cena assim é apresentada. Enquanto isso, algumas pessoas têm a cínica atitude de propor censura para a televisão! Como se fosse possível falar de comportamentos decentes resultantes de censura. Eis o tamanho da imoralidade!

Ninguém se queixou, nem se queixa, da exibição do tipo de imoralidade que acabo de mencionar. Na verdade, sinto que é importante mostrar cenas de bombardeio, campos de concentração, massacres em prisões e outras demonstrações do comportamento insano do *Homo sapiens*. Dessa maneira, as pessoas não serão enganadas com conversas do tipo "A paz chegou", ou discursos maniqueístas tais como "A queda do muro de Berlim significou a redenção da humanidade".

Há mais a ser dito, entretanto, tudo isso pode ser sintetizado numa só frase: respeito e amor pela vida!

Como chegamos a esse ponto?

> *Os mortos e os não-mortos são as duas grandes divisões da sociedade primitiva, que parecem estar para cada outra como os explorados em relação às classes exploradoras... A imortalidade dos mortos é uma fantástica realidade.*
>
> Christopher Caldwell, 1908-37

É interessante, neste momento, aventurarmo-nos em algumas observações etimológicas. Nas principais linguagens indo-européias, a palavra "vida" vem de duas raízes. Uma, rastreada até o latim (*vie, vita, vida*) tem o significado de comportamento que, no século XI, era identificado com um complexo sistema em evolução a partir de dois *status*: nascimento e morte. Em uma outra concepção, de ascendência indo-européia, "vida" vem de *leip*, que tem a ver com o funcionamento do corpo (fígado, lipo). Em ambos existe o sentido de uma dinâmica de continuidade do indivíduo e da espécie, de sobrevivência. A busca de nutrição e os mecanismos de reprodução estão impressos no código genético.

A ciência e a tecnologia modernas criaram quase tudo, exceto a vida, com sua esplendorosa complexidade de continuidade e reprodução. Continuidade não somente do indivíduo, mas da vida em seu sentido mais geral. A partir desses impulsos, intrínsecos à vida, vemos o surgimento dos comportamentos altruístico e ecológico, que são a sua garantia. Como todo ser vivo, o *Homo sapiens sapiens* é impulsionado para a sobrevivência do indivíduo e da espécie, que permeia toda a nossa existência, no espaço entre o nascimento e a morte. Contudo, únicos entre todas as espécies, somos providos de um senso de tempo, almejamos transcender nossa existência, retrocedendo a antes da vida e continuando depois da morte, impulsionados pela consciência e pela vontade. O entendimento da consciência e da vontade estão presentes nas manifestações mais precoces do comportamento humano. Olhar para nosso passado e para nosso futuro levou-nos aos cultos e à espiritualidade, na forma de tradições e religiões, e a adivinhações, na forma de artes e ciências. Conhecimento significa capacidade adquirida de sobreviver e transcender.

Sob esse impulso dual para a sobrevivência e a transcendência, o comportamento humano traçou uma evolução na direção da aquisição do conhecimento. Nela, algumas distorções são perceptíveis.

A principal particularidade nessa evolução é uma contradição com o compromisso de preservação da vida na essência de seu código: continuidade vital, por meio da sobrevivência dos indivíduos e das espécies. Embora seja intrínseco à vida que – sob o comportamento altruístico e ecológico – haja a eliminação de um indivíduo ou de uma espécie para que outros possam sobreviver, na espécie humana isso é feito sob a motivação da consciência e da vontade. A questão básica que levantamos está relacionada a isso: a eliminação de uma vida, de modo que outra possa prosseguir. Este é o ponto fundamental da moralidade individual, social e ambiental, e nesta multiplicidade colocamos a **ética.**

Em busca de uma nova ética

> *O conhecimento do bem e do mal parece ser o objetivo de toda reflexão ética... Nesse conhecimento, o homem não entende a si próprio na realidade do destino traçado em sua origem, mas em suas próprias possibilidades, sua possibilidade de ser bom ou mau.*
>
> Dietrich Bonhoeffer, 1906-45

O que significa um comportamento ético? De novo, um exercício etimológico nos mostra que *ética*, assim como *ethos* e *ethno*, referenciam-se mutuamente. É o reconhecimento do outro que origina a necessidade de uma ética. O reconhecimento do comportamento conflitante do outro em nós mesmos, o outro no estranho, o outro nas sociedades e espécies em competição. Prevalecer sobre o outro combina com os impulsos de sobrevivência e transcendência. O equilíbrio dessa combinação é o ponto maior, essencial. As reflexões a seguir são permeadas por essa observação.

É freqüente, na sociedade dos homens, a aceitação de que algumas formas de vida têm menos valor que outras, são consideradas não somente inúteis mas em alguns casos ameaçadoras. Algumas espécies são perigosas. Então, fora com elas! Na mesma linha, alguns exemplares de uma dada espécie são menos produtivos, nos dão menos benefícios do que os desejados. Então, fora com eles! Alguns, na verdade, nos aborrecem, como os pernilongos no meio da noite. Então, fora com eles!

Este raciocínio em cascata pode ser levado à nossa própria espécie. Certos indivíduos são menos produtivos. Então, fora com eles! Alguns nos importunam. Então, fora com eles! Se usamos inseticidas para os pernilongos que nos incomodam, por que não usar guilhotinas, cadeiras elétricas e – hoje em dia – injeções letais para eliminar os desviantes que nos estorvam?

O comportamento humano tem sido crescentemente dominado pelo sentimento de que uns indivíduos podem valer mais que outros. Esta é a origem do moderno comportamento social e ambiental. Não vejo outra forma de encarar o comportamento social e ambiental do homem a não ser buscando valores e gerando éticas apropriadas, dirigidas para o restabelecimento da combinação no equilíbrio entre a sobrevivência e a transcendência.

O conhecimento científico tem crescido e continua a crescer – aparentemente sem limites –, revelando a mecânica do Universo, dando-nos a capacidade de olhar para os componentes mais elementares da matéria, de tocar e moldar a evolução das formas vivas. Esse mesmo modo de pensar é usado para convencer as pessoas de que elas estão próximas da verdade absoluta. Portanto, alardeia um tal grau de precisão e autoconfiança que a humildade da pesquisa é substituída pela arrogância da infalibilidade, intimidando o questionamento, glorificando o dogmatismo.

No decorrer da história, a maioria das distorções da longa busca da humanidade pelo conhecimento tem resultado numa separação segregacionista entre a ciência e as tradições. Algo como uma *neurosis philosophicus* tenta identificar e realçar as contradições entre os conhecimentos tradicional e científico. O atributo de "racional" é reservado para este, com um resultado danoso e desdenhoso para aquele. A responsabilidade ética tem sido "racionalizada", inserida em códigos normativos, ou depreciativamente confinada ao domínio dos valores e tradições. O Renascimento consolidou modos de pensar originários das civilizações da Antigüidade, próximas ao Mediterrâneo. Um novo modo de pensar foi desenvolvido na Europa e imposto ao mundo, depois das navegações.

A "missão civilizatória" ocidental, que começou há cerca de 500 anos, resultou num modelo de sociedade dominado pela ciência e tecnologia, com uma conseqüente ordem econômica, política e social. Modos de produção e divisão do trabalho, bem como novos conceitos de propriedade e riqueza, estão intimamente relacionados à filosofia subjacente, que tornou todos eles possíveis. Essa filosofia, na verdade, foi proposta para justificar o processo de conquista-colonização. Nesse processo, os deuses, as linguagens, os modelos de pensamento, de trabalho, de propriedade, de saúde, o próprio estilo de vida, foram impostos através do globo. A ciência e os valores ligados ao pensamento científico e racional foram muitas vezes usados para racionalizar variantes de exploração de seres humanos, sobretudo no processo de produção agrícola. Os conceitos de humanidade e ética para toda a humanidade foram gradualmente removidos desse ideário.

Tal modelo de pensamento, que prevalece desde o século XVI, foi responsável por três distorções terríveis:

1. A interpretação das diferenças entre seres humanos como estágios diversos na evolução das espécies.

2. A explicação da não-satisfaçao das necessidades materiais básicas como uma variação ampla que vai da diligência à preguiça, e a busca da satisfação de necessidades espirituais como falta de racionalidade científica.

3. A preservação do patrimônio natural e cultural vista como obstáculo ao progresso. Na verdade, o progresso é um conceito associado ao novo modelo de pensamento.

Estas três características do pensamento moderno levaram a um comportamento desprezível. É muito claro como essas distorções estão associadas com a arrogância, com a indiferença e a desumanidade, com o comportamento irresponsável. Trata-se de pecados capitais, que podem levar à destruição do homem. Violam a sabedoria natural da espécie. Impõem ao *Homo sapiens sapiens* a mais séria das ameaças de extinção.

A busca de ações neutralizadoras para essas distorções sintetiza as esperanças de preservação da vida e da civilização na Terra. Estamos correndo o risco de afastarmo-nos das idéias simples, subjacentes à complexidade do *Homo sapiens sapiens*. Temos de restaurar a complementaridade dialética de teoria e prática. Entretanto, somos freqüentemente enganados pela fascinação do discurso teórico, às expensas do reconhecimento da prática.

As espécies não podem sobreviver sem uma ética que se oponha às características do pensamento moderno e apelem para o princípio simples e primário de preservação da vida e da civilização na Terra. Essa é a essência da transdisciplinaridade.

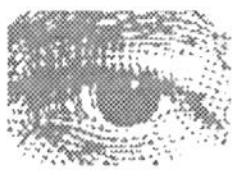

A Ética da Diversidade

Entre as principais causas de um iminente desastre planetário encontra-se a explosão demográfica. A população do planeta poderá alcançar seis bilhões de habitantes no ano 2.000. Paradoxalmente, como conseqüência da poluição e da desertificação, os recursos vão se reduzindo em proporções consideráveis. São também ameaçadores o aquecimento do planeta e o risco de vermos, num futuro próximo, um terço das terras atuais submersas, além da destruição da biosfera. Nessa lista também se encontram os gastos inimagináveis de recursos financeiros e humanos com finalidades bélicas.

A origem do problema pode ser atribuída a uma concepção científica que, no seu aspecto reducionista e tomista, conduziu o homem a considerar a natureza e o universo como um poço de riquezas sem fim. Esse comportamento contra a natureza e a vida fez o homem privilegiar um único modelo de desenvolvimento, ignorando a complexidade cultural, econômica, espiritual e social que constitui a verdadeira essência da espécie humana.

Essas reflexões põem em causa o conjunto dos conceitos e modelos atuais, na medida em que sobreviver depende de um visão holística da realidade. Visão global que, por sua vez, emana das grandes tradições, assim como das conclusões mais recentes da ciência. Isto exige uma mudança radical que se aplica a todos os níveis do saber e do fazer. A interação viva de todas as coisas no universo repercute no nosso ambiente, bem como na tradução de nossos conhecimentos, em um processo de integração, abrangendo os aspectos mais sutis da realidade. Essencialmente, busca-se uma unidade total da vida, entre o homem, a natureza e o corpo cósmico.

Devemos procurar uma transformação radical de nossos modelos de desenvolvimento, de educação e de civilização. Devemos apoiar-nos no reconhecimento de uma pluralidade de modelos, de culturas e de diversificações sócioeconômicas. Devemos o respeito a cada uma das inúmeras modalidades possíveis.

Precisamos de uma ética em que o respeito pelas diferenças comportamentais de cada indivíduo e pela diversidade cultural esteja associado à solidariedade do homem para com seus semelhantes nas necessidades de sobrevivência e de transcendência. Esta é a essência da construção de uma sociedade sadia e de uma humanidade em harmonia global. Essa ética pede uma redefinição de prioridades da ciência e da tecnologia para que os caminhos em direção ao desenvolvimento respeitem o meio vivo. Pede também que sejam acompanhadas de um auto-controle, visando evitar todas as aplicações que possam ameaçar a vida, o meio ambiente e o desrespeito às tradições. Tal desrespeito pode, como conseqüência, corromper a textura sóciocultural. A sobrevivência só pode resultar da emergência de valores qualitativos como substrato – e às vezes mesmo em oposição – às estruturas quantitativas e destrutivas que existem hoje.

É necessário, portanto, facilitar o aparecimento de uma nova consciência, através da qual o homem possa encontrar a plenitude de seus direitos ligados à sua dignidade de ser vivo, num quadro de solidariedade e responsabilidade que comprometam cada Estado, cada grupo social, cada indivíduo.

A SOBREVIVÊNCIA DO PLANETA

A sobrevivência da Terra está ameaçada, tornando-se uma preocupação central e imediata. A situação atual exige medidas urgentes em todos os setores – científico, cultural, econômico e político –, além de uma maior sensibilização de toda a humanidade. Devemos abraçar a causa contra o inimigo comum com todos os povos do planeta. O inimigo é qualquer ação que ameace o equilíbrio do nosso ambiente, ou que reduza a herança do passado e do presente para as gerações futuras.

Nosso planeta é instável, uma máquina térmica em permanente transformação. Na sua superfície, há cerca de quatro bilhões de anos, a vida se desenvolveu em equilíbrio com o ambiente, onde mudanças repentinas e imprevisíveis são a norma. A descoberta, há cerca de 200 anos, da energia livre armazenada em combustíveis fósseis, deu à humanidade o poder de dominar toda a superfície do planeta. Num período de tempo incrivelmente curto, sem planejamento, quase sem reflexão sobre as conseqüências, nossa espécie tornou-se, sem qualquer comparação, o maior fator para a transformação planetária.

Os efeitos dessa transformação têm sido drásticos e únicos na história da nossa espécie. Dentre os mais dramáticos, pode-se mencionar o crescimento exponencial da população nos últimos 150 anos, saltando de um bilhão de habitantes para mais de cinco bilhões. Atualmente, a população dobra a cada 30 ou 40 anos. Também é dramático o aumento comparável no uso de combustíveis fósseis, conduzindo à poluição global da atmosfera e a alterações tanto no clima quanto no nível das águas marítimas. Outra conseqüência é a destruição acelerada do habitat de vida, iniciando assim um episódio irreversível de extinção em massa na biosfera, que é a base do ecossistema da Terra. Também são conseqüências os gastos inimagináveis de recursos materiais em guerras e na preparação para a guerra. Tudo isso se faz crendo-se na inexauribilidade de recursos do planeta, sob o encorajamento de sistemas políticos e econômicos que enfatizam o lucro imediato como um benefício, mas ignoram o custo real da produção.

O mais grave é que a humanidade enfrenta o risco do colapso do equilíbrio entre nossa espécie e o resto da vida no planeta. Paradoxalmente, estamos no limiar da degeneração do ecossistema e da degradação da qualidade da vida humana no preciso momento em que o conhecimento e as ciências podem fornecer a criatividade e a tecnologia necessárias para se tomar ações reparadoras, redescobrindo-se a harmonia entre a natureza e a humanidade. Faltam apenas a vontade social e política.

A origem dessa situação tão angustiosa repousa em desenvolvimentos científicos que se completaram no início do século. Codificados matematicamente numa visão de universo baseada na mecânica clássica, deram aos seres humanos um poder sobre a natureza que tem produzido um suprimento sempre crescente de bens materiais. Mergulhada na exploração desse poder, a humanidade tendeu a mudar seus valores, aceitando os que promovem uma realização máxima das possibilidades materiais que esse poder possibilita. Foram assim suprimidos os valores associados com as dimensões do potencial humano que haviam constituído os fundamentos de culturas anteriores. O empobrecimento da própria concepção de ser humano, causado por essa omissão das outras dimensões, está absolutamente coerente com a concepção "científica" do universo como uma máquina, na qual o ser humano nada mais é que uma pequena engrenagem.

O QUESTIONAMENTO DA VISÃO MECANICISTA

A concepção que o homem tem de si próprio é uma das principais determinantes dos seus valores. Ele fixa a concepção do "eu" a partir da avaliação do seu interesse pessoal. Assim, o empobrecimento ideológico associado com a visão de homem enquanto uma pequena engrenagem de uma máquina conduz ao estreitamento de valores. Com isso, a base racional para uma concepção mecanicista do homem tem sido questionada.

De fato, a ciência contemporânea tem proposto a substituição da velha e rígida visão mecânica do Universo por conceitos que permitem compreendê-lo como o produto de impulsos criativos contínuos. Esses impulsos não estão condicionados de modo rígido por leis mecânicas. Os avanços científicos do mundo atual mostram que a visão puramente mecanicista do Universo é insustentável. O ser humano torna-se não mais uma engrenagem mecanicamente controlada dentro de uma máquina gigantesca, mas sim a manifestação de um impulso livre e criativo, ligado de maneira intrínseca ao Universo como um todo.

Nessa nova visão, os valores humanos expandem-se em consonância com outros valores, que convidam a uma transcendência da própria existência. Reencontram-se valores que prevalecem em diferentes modelos culturais. Então, passamos a procurar no complexo de imagens convergentes do ser humano visões de um futuro que permitam ao homem sobreviver com dignidade. E em harmonia com seu ambiente.

A humanidade parece ter atingido tanto suas limitações externas quanto as internas, que a impedem de compreender as complexidades resultantes de seus próprios atos, além de diminuir a capacidade de viver num ambiente sóciocultural em transformação. Ao mesmo tempo, a evolução da ciência parece permitir a aceitação de outras formas de conhecimento, que dariam ao ser humano a possibilidade de recuperar a riqueza das crenças e a variedade das experiências espirituais.

Por isso, novas visões, ancoradas em uma variedade de culturas, são necessárias para contemplar o futuro. Pedem uma transformação radical dos modelos de desenvolvimento vigentes. Pedem a eliminação da pobreza e da ignorância, assim como o fim da corrida armamentista. Pedem melhores formas de distribuição de bens para assegurar eqüidade social. Exigem um novo estilo de vida, baseado na redução do desperdício, apoiado em sistemas educacionais inovadores e em atitudes mentais com amplitude holística, enfatizando o respeito pela biodiversidade. Para isso torna-se necessária uma diversificação dos sistemas sócioeconômicos, bem como indispensável o respeito pelas diversidades culturais. Requerem a superação de conceitos desatualizados de soberania, clamam pelo reconhecimento da universalidade do saber.

A PAZ DIANTE DA CIÊNCIA E DA TECNOLOGIA

A ciência e a tecnologia são indispensáveis para atingir essas metas. Mas os resultados positivos somente podem ser atingidos mediante a reintegração da ciência e da cultura. Só deste modo poder-se-á superar as fragmentações que conduziram a uma interrupção nas comunicações culturais. Se falharmos no redirecionamento da ciência e da tecnologia para essas necessidades fundamentais, as conseqüências serão irreversíveis, em detrimento do futuro da vida humana.

Os avanços na informática – repositório de conhecimento –, na biotecnologia – patenteamento de formas de vida – e na engenharia genética – traçado do genoma humano – conduzirão à percepção de um macrocosmos orgânico que recaptura os ritmos da vida. Permitirão ao ser humano reintegrar-se na natureza, restaurando seu relacionamento com a vida como um todo. Trarão o reconhecimento de que ele é parte do mesmo processo que define o Universo. Isso o levará a ampliar sua auto-imagem, permitindo transcender o egoísmo, que é a principal causa da desarmonia entre os indivíduos, assim como entre a humanidade e a natureza. A unidade corpo-mente-vontade – que se encontra fragmentada como resultado de uma ênfase desequilibrada de algumas partes em detrimento de outras e do todo – poderá ser restaurada. Assim, o ser humano estará no caminho de redescobrir, em seu próprio íntimo, o reflexo do cosmos e do seu princípio unificador supremo.

A nossa espécie é apenas uma, dentre as milhares de espécies vivas que habitam nosso planeta. Todas dependem da biodiversidade para suas existências, compartilhando princípios básicos que caracterizam a vida e sua continuidade. Na essência do que significam as necessidades vitais, não diferimos das demais espécies. Dividimos com elas a responsabilidade perante a biosfera. Também com as demais espécies compartilhamos a existência de mecanismos individuais de processamento de estímulos que se originam no ambiente. Esses mecanismos geram comportamentos associados aos sentidos, à memória e à cognição. No entanto, a quase total diferenciação dos mecanismos de processamento de indivíduo para indivíduo, que se verifica na nossa espécie, dá origem a um comportamento característico da espécie *Homo sapiens*, que é a criatividade. Esta manifesta-se através de impulsos para transcender a própria existência, procurando vencer os marcos de nascimento e morte, que determinam a vida.

Desenvolve-se desse modo, na nossa espécie, um sentido consciente de tempo. A espécie procura subordinar o tempo biológico característico de cada espécie viva – e também todos os demais comportamentos animais – a esse tempo consciente. Ao desenvolver o sentido de passado, procura criar uma existência que precede o nascimento. E ao procurar a superação da própria morte, cria um sentido de futuro. Nesse conceito de criação, encaixam-se comportamentos puramente animais, como a procriação. Tem origem assim a sexualidade.

O reconhecimento do outro, que aparece desde o nascimento, evolui de uma necessidade de sobrevivência, através da alimentação, para a ajuda na busca da transcendência. Assim se dá origem à comunicação, essência da cultura. Na associação para a proteção, a preservação, a manutenção e o desenvolvimento desse prolongamento da vida, está a origem da sociedade. Outros indivíduos incorporam-se a essa importante etapa da transcendência, ajudando ou dificultando o processo. A sociedade humana toma então formas mais complexas, que vão muito além do comportamento característico das demais espécies biológicas. Além do comportamento de defesa e ataque, desenvolve-se a identificação dos que ajudam ou dos que dificultam, dos amigos e dos inimigos. Acontece, também, a importante etapa de identificação de um **outro comum**, passo essencial na origem dos mitos, das religiões, dos símbolos e dos códigos de comportamento.

A responsabilidade de se estabelecer e garantir a paz no mundo cabe à nossa espécie. Essa responsabilidade se exerce através de uma ética, entendida como um guia da capacidade de sobreviver da espécie. Passa por uma realidade subordinada ao homem, através da ciência e da tecnologia, e por outra que transcende sua existência. O veneno da ilusão do domínio sobre a realidade, subordinando-a e recriando-a com o auxílio da ciência e da tecnologia – o que constitui a arrogância da espécie –, vai encontrar seu antídoto numa nova ética. A essência dessa ética, que reduz a ciência e a tecnologia às suas dimensões de meros resultantes da necessidade do homem de sobreviver e de transcender sua própria existência, resume-se num comportamento de respeito e solidariedade para com o outro. Respeito de cada indivíduo pelo outro nas suas diferenças. Solidariedade de cada indivíduo para com o outro na satisfação dessas necessidades básicas.

A RESPONSABILIDADE DE UMA NOVA ÉTICA

A única oportunidade de sobrevivência que se apresenta para a humanidade é a adoção de uma ética adequada para os nossos tempos. Não se trata de uma "ética da ciência" ou de uma "ética da tecnologia". Trata-se simplesmente de uma ética dos nossos tempos, que eu chamo de **ética da diversidade**. Como toda ética, é localizada no tempo e no espaço. O conceito de espaço, hoje, por causa das naves espaciais, só pode ser compreendido como o espaço cósmico. Por outro lado, a ação do cidadão – em particular do cientista e do educador – consiste, essencialmente, em ter o seu fazer acompanhado por essa ética.

Na prática, essa ética de uma sociedade científica e tecnológica consiste no exercício permanente de uma crítica a ela subordinada. Essa crítica é o exame de limitações e conseqüências da própria ciência e tecnologia, assim como de suas implicações sociais e ambientais. O exame de limitações e conseqüências, por sua vez, conduz ao relativismo cultural e à história do conhecimento, que se desenvolveu em função das características essenciais da espécie, que são a sobrevivência e a transcendência.

Os princípios básicos para a **ética da diversidade** são estes:

1. **Respeito** pelo outro com todas as suas diferenças.
2. **Solidariedade** com o outro na satisfação de necessidades de sobrevivência e de transcendência.
3. **Cooperação** com o outro na preservação do patrimônio natural e cultural comum.

Esses princípios colocam o conceito de "identidade cultural" como essencial na construção de uma idéia de humanidade, pois as diversidades biológicas são, comparativamente às diversidades culturais, de menor complexidade. Portanto, surge como importante o exame da dinâmica cultural.

Baseamos nossa conceituação de dinâmica cultural em duas idéias fundamentais:

A **aquiescência**, que é a capacidade de os indivíduos adquirirem mudanças conscientemente. E o **etos** cultural, que age como um mecanismo de proteção contra as mudanças. A dinâmica cultural é o mecanismo comportamental que estabelece um balanço entre aquiescência e etos, permitindo a produção de novas formas culturais. A dinâmica cultural pode ser traçada às origens da civilização. Ao longo da história, a dinâmica cultural vem diminuindo à medida que aumenta o poder político do Estado. Por isso, aproxima-se de uma estática cultural ancorada no sucesso social-político-militar do vencedor, na identificação desse sucesso, por parte do vencido, como superioridade cultural do vencedor, e nos fundamentalismos que dicotomizam as posições de vencedor e vencido.

Os comportamentos e as conceituações desenvolvem-se a partir dessas características. O conceito de segurança aparece imediatamente na evolução intelectual da espécie. Mas bastam algumas observações relativas à atual conjuntura, para que sejamos levados a questionar o próprio conceito de segurança. Os anseios de um mundo livre de armamentos nucleares e de armas em geral são, agora, compartilhados por toda a humanidade. Embora ainda persistam conflitos regionais, uma Europa livre de conflitos no século XXI apresenta-se com possibilidades de concretização desses anseios. Isso permite pensar na conversão de atividades tipicamente militares em atividades para fins pacíficos.

No entanto, a atual euforia, em função dos acontecimentos em evolução na Europa, não nos pode deixar esquecer que o mundo não se resume no Velho Continente. Além disso, persiste a degradação ambiental. Sua interação com as dificuldades do desenvolvimento econômico, sobretudo no Terceiro Mundo, permanece um desafio. Vemos, por isso, como absolutamente necessária uma conceituação ética na economia.

É evidente que as transformações políticas na Europa Oriental e na antiga União Soviética reduziram drasticamente o perigo de um conflito militar Leste-Oeste. Começam a ser aproveitadas, a partir daí, as oportunidades de se reduzir os enormes estoques de armamentos convencionais, nucleares, biológicos e químicos. Contudo, um esforço continuado e coordenado ainda é necessário, a fim de assegurar rapidamente a assinatura de acordos para reduzir esses arsenais, assim como para reorientar os recursos humanos e materiais utilizados em sua construção e manutenção, em direção a atividades que assegurem a melhoria da qualidade de vida da humanidade.

Mesmo com a redução do potencial de conflito Leste-Oeste, o perigo de beligerância do tipo Norte-Sul e Sul-Sul parece estar crescendo. A crise do Golfo Pérsico ilustra a loucura da enorme transferência de armamentos para essa região durante a última década. Demonstra também a necessidade de estruturas mais efetivas para a segurança global e regional. A crise sublinha os perigos de uma maior proliferação de armamentos de destruição de massas, que dificilmente pode ser controlada quando se tem conhecimento de que esses armamentos existem em arsenais nacionais em várias partes do mundo.

Não pode haver segurança real no planeta enquanto as causas da instabilidade política e a tensão internacional não forem abordadas. Proeminentes entre esses fatores estão as disparidades entre os ricos e pobres, internamente, e entre as nações. São igualmente graves outras formas de abuso dos direitos humanos, assim como os problemas ambientais regionais e globais. Tudo isso destrói de modo paulatino a qualidade de vida e o bem-estar, tanto nos países industrializados quanto nos menos desenvolvidos. A solução para esses problemas requer um esforço cooperado sem precedentes, unindo os países do Norte e do Sul em projetos de educação, saúde, agricultura sustentável, suprimento de energia. Igualmente importantes são medidas que permitam a utilização mais eficiente da energia, a redução dos resíduos de consumo e a eliminação adequada desses resíduos, evitando assim a crescente poluição de sítios ambientais. Muitos desses problemas estão ligados ao crescimento das populações, cuja limitação se faz necessária.

Enfrentar esses problemas convida-nos a uma ampliação da prática democrática. Infelizmente, em muitos casos essa prática é passiva, delegando a política aos políticos. Há uma descrença e um desrespeito à classe política, sobretudo nos países do Terceiro Mundo, subordinados durante séculos ao colonialismo e amargurados por experiências posteriores com ditaduras militares. Essa atitude pode ser fatal neste momento de redefinição do próprio conceito de soberania. Deve-se, ao contrário, fazer-se um apelo à politização plena desses países.

Só será atingido o exercício pleno da cidadania, num regime democrático, quando a população exigir a ação dos seus representantes eleitos, no sentido de proporcionar à população e à humanidade como um todo um padrão de qualidade de vida. Isto significa a satisfação, com segurança e dignidade, das necessidades básicas materiais e culturais.

Educação Multicultural e Globalização

A educação multicultural é a direção necessária que deve tomar o processo educativo para fazer face à complexidade de um mundo que se globaliza num ritmo crescente. O grande objetivo é evitar que o processo de globalização conduza a uma homogeneização, cujo resultado é a submissão e mesmo a extinção de várias expressões culturais. Assim como a biodiversidade é essencial para a continuidade da vida, a diversidade cultural é essencial para a evolução do potencial criativo de toda a humanidade. Novos modos de pensamento e de expressão só podem resultar de uma dinâmica de encontros culturais.

Os erros do colonialismo não podem ser repetidos nessa nova fase das relações entre os indivíduos, as comunidades, os povos e as nações, que chamamos de globalização. Isto nos conduz necessariamente a uma análise das distintas formas de explicar, conhecer, entender, lidar e conviver com a realidade, reconhecidas nas inúmeras e distintas culturas.

A preservação de identidades nacionais num mundo em processo de globalização, com a crescente movimentação de populações, é de fundamental importância. Daí a relevância da educação multicultural. Em países com uma forte presença indígena ou africana, como é o caso nas Américas, essas considerações são muito importantes. A contribuição que temos recebido de grupos de pesquisa de indígenas e de afro-americanos tem sido notável. Essa contribuição nega propor uma "educação para índios", ou uma "educação para africanos", ou uma "educação para poloneses" e muito menos uma "educação para pobres" ou outras especificidades. Mas sim reconhece que a educação tem raízes culturais, respondendo à necessidade intelectual do homem de ter explicações, de simplesmente conhecer. Ao mesmo tempo, responde às necessidades mais imediatas, a resolver problemas prementes do dia-a-dia.

A mescla de uma postura teórica e de uma postura prática é a raiz primeira da motivação, a primeira sensibilização, o substrato sobre o qual se dão a geração, a organização intelectual e social e a difusão do conhecimento. Amplia-se a realidade sensível, que alguns chamam o "universo de símbolos".

O processo de geração e organização do conhecimento é o mesmo, a dinâmica é a mesma. Lamentavelmente, os sistemas escolares têm visto essas situações como distintas. Mas não há separação entre o fazer e o saber, somos igualmente informados por artefatos e por mentefatos. Qualquer teoria do conhecimento deve incluir, de modo integrado, estudos de cognição, de epistemologia, de história, de política e de educação, todos concernentes à elaboração e à própria natureza do conhecimento. Deve ser contextualizada e inserida numa reflexão ampla sobre a sociedade.

No Brasil têm sido particularmente interessantes os ensinamentos que recebemos dos especialistas em educação indígena. Isto não quer dizer que vamos, por exemplo, incorporar a etnomatemática das comunidades indígenas na educação. Mas aprendemos muito com as observações dos que trabalham nessas comunidades. Isto porque as mesmas agressões culturais que notamos na educação indígena notam-se nas escolas de periferia e mesmo nas escolas de classe média e alta.

A educação formal, de indígenas e de brancos igualmente, é baseada na mera transmissão (ensino teórico) de explicações e teorias e no adestramento (ensino prático) de técnicas e habilidades. Ambas são totalmente equivocadas do ponto de vista das modernas teorias da cognição, pois não há como avaliar as habilidades cognitivas fora do contexto cultural. As dificuldades são ainda mais profundas, pois é óbvio que a capacidade cognitiva é própria de cada indivíduo. Assim como há estilos cognitivos próprios de uma cultura, e portanto aceita-se falar sobre diferenças interculturais, também há importantes diferenças entre indivíduos de uma mesma cultura. Mas há uma certa relutância em aceitar diferenças intraculturais.

Minha percepção do que seja educação multicultural faz eco com a opinião de Mariana Kawall Leal Ferreira, ao dizer que conquanto a educação procura de alguma forma compatibilizar diferentes princípios organizatórios para dar inteligibilidade ao sistema social do qual fazem parte, não se pode eliminar a autenticidade e a individualidade desses princípios. De fato, ignorar as variações individuais e intraculturais conduz a interpretar as capacidades e a própria ação cognitiva como estáveis, lineares e contínuas, obedecendo a certos princípios de estrutura supostamente inerentes à espécie como um todo. Será desnecessário destacar as limitações e a fragilidade do estruturalismo quando se procura entender a construção intelectual, individual e social, e a construção social do conhecimento, como um todo integrado, como a resultante de uma história social e individual em permanente modificação graças a forças em exposição mútua. A adoção desse estruturalismo tem sido comum entre antropólogos, psicólogos e pedagogos, alicerçando inúmeras propostas educacionais equivocadas. Dentre essas, as propostas de J. Piaget, L. Vygotsky e das várias modalidades construtivistas que daí resultaram. Todas essas correntes têm origem nos vários discursos de métodos que se evidenciaram principalmente no século XVII. Hoje, estão sendo contestadas. Esses equívocos são mais facilmente identificados no contexto da educação indígena. Novas percepções sobre a geração do conhecimento tem dado origem a inúmeras propostas alternativas, como a etnomatemática, a etnológica, a etnometodologia, a etnohistória, a etnomedicina, a etnosociologia e outras tantas análises do conhecimento culturalmente contextualizado.

Essas considerações aplicam-se não só à organização intelectual do conhecimento – isto é, uma crítica às epistemologias –, mas igualmente à organização social e à difusão do conhecimento. Assim, chega-se à prática pedagógica resultante da etnomatemática, da etnociência e das outras etnodisciplinas. Pode-se mesmo procurar uma etnodidática e uma etnoeducação, para entender o processo de difusão do conhecimento em contextos culturais diversificados.

Problemas estruturais

Essa preocupação é muito distinta das propostas usuais dos governos, que se resumem em melhorar a qualidade da educação – importante, mas até certo ponto conseqüência de mudanças maiores –, em ampliar o número de escolas – sem atender o problema de fazer com que as crianças cheguem à escola e nela permaneçam –, em exigir qualificação dos professores e umas tantas outras medidas inócuas, pois mascaram o problema central, base de todos esses problemas conseqüentes, que é a pobreza.

Dos inúmeros problemas da educação que devem ser resolvidos, destacamos os três seguintes:

- Falta de professores e sua formação deficiente.
- Marginalidade e criminalidade entre adolescentes.
- Evasão nos primeiros anos.

Sem dúvida o ataque a esses problemas exige mudanças estruturais na sociedade, uma reconceituação do que é um Ministério de Educação e uma outra filosofia da educação. Isto tudo depende de uma reflexão profunda sobre o conhecimento, indagando sobre a sua geração (cognição), sobre sua organização intelectual (epistemologia) e social (história) e sobre sua difusão (educação e política). Mais atenção deve ser dada às teorias recentes de cognição, sobretudo às contribuições dos neuropsicólogos. Pouco se pôde avançar com as teorias de aprendizagem que dominavam as reflexões sobre educação dos anos 60, 70 e 80.

Mais atenção deve ser dada aos avanços na comunicação e na teleinformática, e menos aos clássicos enfoques de metodologia da educação. Naturalmente é importante uma visão histórica e política que possa ancorar uma filosofia da educação para um mundo globalizado, no qual se notam novos relacionamentos de sociedade e de família, novas relações entre nações, novos modelos de produção e de propriedade.

Podemos então abordar os três problemas que destaco neste texto, com um enfoque mais amplo.

Falta de professores e baixa qualidade: a sociedade deve tornar a profissão de professor atrativa e competitiva. Pagando-se um bom salário aos professores, eles acharão o caminho do seu aperfeiçoamento. **Marginalidade e criminalidade entre adolescentes:** fazer com que os adolescentes sintam que a escola lhes está dando algo, está respondendo às suas angústias e questionamentos mais imediatos e não tem caráter apenas propedêutico; daí eles ficarão na escola. **Evasão nos primeiros anos:** fazer com que as crianças menores sintam que é gostoso e divertido ir à escola; daí farão tudo para ir às aulas.

Os problemas da educação são evidentemente menos problemas educacionais e mais problemas sociais. Os educadores deveriam se dedicar mais a entender o porquê da proliferação das chamadas "novas religiões", o porquê do sucesso das telenovelas, o porquê do atrativo por sexo e droga entre adolescentes e jovens. Deveriam abandonar a explicação ingênua ilustrada por frases do tipo "isto é reflexo de uma má educação". Sempre, em todos os grandes momentos históricos, a educação tem se revelado reflexo da sociedade, não vice-versa. Ao atingir a idade média de 65 anos, o indivíduo viveu 569.400 horas. Durante todas essas horas esteve aprendendo, transformando seu entendimento e seus instrumentos de explicação e de ação. Admitindo que tenha escolaridade completa de 1°, 2° e 3° graus – pouquíssimos a têm – terá tido, na melhor das hipóteses, 11.520 horas de aprendizagem formal.

Aonde quero chegar?

A resposta é simples: quero sugerir que não se deve ter a ilusão de que o que é importante aprende-se na escola. Vivemos 569.400 - 11.520 horas fora da escola. E durante todo esse tempo se está aprendendo algo importante e interessante. Não quero ser radical. Talvez nas 11.520 horas se aprenda algo. Mas o que interessa nessas poucas horas tem um alcance muito maior que o sentido puramente imediatista associado com aquilo que se diz "que serve". Interessa principalmente a construção de instrumentos intelectuais de análise e de explicações. O grave é que em geral se aprende muito pouco disso nessas poucas horas, pouco no desenvolvimento da capacidade de analisar e avaliar fatos, atitudes, posições. E também pouco no sentido puramente utilitário, desenvolvendo a capacidade de socializar e de trabalhar em conjunto para o bem comum.

Muitos perguntarão, por que então ir à escola? Em outras palavras, o que é educação?

Educação é a estratégia definida pelas sociedades para levar cada indivíduo a desenvolver seu potencial criativo, e para desenvolver a capacidade dos indivíduos de se engajarem em ações comuns.

Dentre as questões relacionadas com a preservação das identidades nacionais, tem fundamental importância a eqüidade. Por sua vez, um dos fatores mais importantes para se conseguir eqüidade, ao mesmo tempo preservando-se as identidades individuais, prende-se ao conceito de conhecimento e às práticas associadas a ele.

Um dos aspectos mais importantes, neste contexto, é a percepção de uma dicotomia entre o saber e o fazer, que prevalece no mundo chamado "civilizado", como conseqüência dos paradigmas da ciência moderna criada por Descartes, Newton e outros. Essa ciência, que surgiu ao mesmo tempo que as grandes navegações e as conseqüentes conquista e colonização, pretendeu se impor como o conhecimento racional por excelência, substrato da eficiente e fascinante tecnologia moderna. É originária das culturas mediterrâneas e a partir das nações centrais promoveu uma conceituação de saber (conhecimento) e de fazer (habilidades) dicotômicas e estruturadas.

Essa dicotomia entre o saber e o fazer, com suas profundas implicações nas práticas escolares, na valorização das profissões e nas relações entre os indivíduos, tem conseqüências alarmantes nas interações sociais, surgindo como uma das causas mais importantes das iniqüidades que ocorrem na sociedade. Manifesta-se na aceitação de que as necessidades mínimas, essenciais para a sobrevivência e a dignidade do ser humano, diferem de um indivíduo para outro. Dizer que um "colarinho branco" tem outras necessidades básicas que um "colarinho azul" é a metáfora social da dicotomia do saber e do fazer, importada dos países industrializados.

A mesma dicotomia é também gerada no contexto educacional. A matemática, mais que qualquer outra disciplina do currículo, é instrumental em reforçá-la. As manifestações dessa dicotomia são inúmeras. Quem sabe manda, quem faz obedece. O trabalho intelectual é valorizado sobre o trabalho manual. As necessidades básicas do patrão e do empregado são consideradas enormemente distintas.

Um novo rumo pedagógico

Vou concluir com uma reflexão sobre o fracasso escolar. Em primeiro lugar, considere-se o choque inicial da própria escola, mais especificamente da sua organização no estilo estratocrático europeu. Esse estilo manifesta-se na sala de aula, com carteiras cartesianamente dispostas, professores na frente, quadro-negro como foco único de curiosidade e de atenção intelectual. O material de ensino é composto por livros e cadernos padronizados, listas de chamada organizadas por critérios rígidos, testes, tarefas, elogios e críticas públicas, notas com prêmios ou punições, e outras características mais. Aluno feliz, que faz o que gosta e quer, rende muito.

Mas o resultado é praticamente o mesmo, em todos os níveis de escolaridade e em todas as disciplinas: o aluno é massacrado no seu comportamento, agredido na sua inteligência e tolhido na sua criatividade.

Minha proposta de solução a esses problemas implica sobretudo uma nova conceituação de currículo. Aponto uma definição: **currículo é a estratégia de ação educativa**. Ao partir para uma prática, todos vão munidos de uma estratégia, de um plano de ação. Na ação pedagógica, ao se partir para uma aula, não é diferente.

O mais comum é que o professor consciente, bem preparado, parta para a prática docente com uma idéia clara de quais são os objetivos daquela prática (o **porquê**, nas discussões sobre didática a partir do início do século), quais são os tópicos e conteúdos a serem ensinados (o **que**) e de que modo esses conteúdos serão desenvolvidos (**como**). Daí resulta a conceituação estática e cartesiana de currículo, que prevalece hoje, e que é sintetizada em objetivos, conteúdos e métodos. E concluindo o curso, vem a avaliação.

Pergunto: onde estão os alunos indivíduos nessa formulação? Claro, eles foram estudados – numa amostragem – por métodos de pesquisa quantitativa reconhecidos, e foram classificados em faixas. A definição de currículo se aplica a essas faixas. Os indivíduos devem se enquadrar nos objetivos definidos para sua faixa e aceitar os conteúdos pré-definidos, ensinados com uma metodologia muitas vezes testada e considerada boa. Os que não satisfazem os critérios de avaliação são reprovados, ou marginalizados, ou sujeitos a uma política contraditória, a de promoção automática.

Minha proposta de currículo dinâmico é baseada em três tipos de atividade: de **sensibilização** (que motiva para o momento educacional, aula ou correspondente), de **suporte** (que dá os instrumentos de trabalho à medida que se tornam necessários) e de **socialização** (na qual se pratica uma ação que resulta num fato, objeto ou aprendizado).

A prática pedagógica repousa sobre esses componentes. A sensibilização se faz através das circunstâncias envolvendo a prática educativa, mediante a análise crítica do que possa despertar interesse e motivação. Essa etapa abre caminho para trabalhos e tarefas em grupo. O trabalho individual, desvinculado de uma ação social, não tem lugar na escola. De modo efetivo, a escola é, coerentemente com a definição de educação que endosso, a oportunidade de se aprender a agir em comum, socializando conhecimentos e habilidades com um objetivo do grupo, para o que cada indivíduo contribuirá com o que tem a oferecer. As atividades de suporte são aquelas que mais se assemelham aos conteúdos tradicionais, no sentido de se aprender os instrumentos importantes para concretizar a ação comum.

Tanto na sala de aula como na organização do curso, o conceito de currículo dinâmico tem se mostrado uma boa opção. Particularmente a pedagogia Etnomatemática encontra nessa proposta curricular a estratégia adequada para sua implementação.

Os Paradigmas da Ciência e a Sobrevivência da Universidade

Minhas propostas sobre inovação curricular são, em sua essência, uma resposta ao que vejo como absolutamente necessário na educação em geral: espaço para críticas e polêmicas. Essas propostas estão contidas em muitos dos meus escritos e destaco principalmente dois trabalhos: "Estabilidad y Cambios en el Currículum: El enfoque holístico del currículo y un nuevo papel del docente", em *La Educación* (Washington), ano XXVI, nº 90, 1982, pp. 3-16. E "Un Enfoque Holístico al Concepto de Currículum", em *Interdisciplinaria* (Buenos Aires), vol. 4, nº 1, 1983, pp. 49-59. As propostas aí contidas têm sido parcialmente incorporadas em projetos educacionais de ciências e de matemática nos vários graus de ensino. Neste texto não vou descrever essas propostas, mas sim tecer considerações gerais que servem de base para as mesmas.

As críticas mais comuns ao estado atual do conhecimento e às práticas a ele associadas referem-se ao exagero das especializações. Em tom jocoso, mas refletindo a seriedade da situação, costuma-se falar do oftalmologista do olho direito, incapaz de detectar uma miopia do olho esquerdo. Também em tom jocoso, conta-se do matemático que ao iniciar sua conferência diz que somente dois outros colegas em todo o mundo poderiam entender o que ele vai falar.

Efetivamente, a universidade está afetada por três dimensões do conhecimento: sua produção (pesquisa), sua difusão (ensino) e sua utilização (serviço). O foco dos problemas que enfrentamos no mundo acadêmico prende-se à natureza do conhecimento e às estratégias para sua geração, difusão e utilização. Isto leva a um cenário de competitividade, contradições e controvérsias, onde afloram componentes emocionais e morais ligados à própria natureza do conhecimento. Veja-se toda a polêmica em torno do trabalho da nossa compatriota Thereza Imanishi-Kari, levada a um debate, com profundas implicações epistemológicas, pelo nobelista David Baltimore, em *Science*, vol. 269, 14 de julho de 1995, p. 157. Críticas desse teor – algumas sem dúvida exageradas – conduzem a uma reflexão sobre o pensamento disciplinar, que permite que se fale em áreas, subáreas, em sub-sub-áreas do conhecimento.

Assim como ao se descer num poço a percepção do terreno ao redor vai se tornando mais e mais difícil, o conhecimento especializado pode conduzir a uma falta de percepção do contexto em que tal conhecimento foi produzido. Pode conduzir, portanto, a distorções, ao tratar das implicações desse conhecimento.

O pensar disciplinar, resultado do método proposto por Descartes, progrediu até atingir uma incrível capacidade de penetrar profundamente em seus estreitos campos de reflexão. Mas, à medida que se manifesta esse progresso, vai se perdendo a capacidade de uma visão ampla e global. Vai se deixando de reconhecer as interações entre os vários fatores que agem num fenômeno. A visão do *holos* torna-se difícil, senão impossível. A busca de sobrevivência, que é holística na sua essência, tem conduzido a tentativas de reunir o que foi fragmentado no esquema das disciplinas, através de iniciativas multi e interdisciplinares. Refiro-me a todo um conjunto de comportamentos individuais e sociais que agora vai encontrando espaço na academia.

Particularmente importante é o que se refere à propriedade. O modelo estabelecido pela civilização romana prevalece até hoje. Vêm dos códigos romanos as características que dão à propriedade os atributos de direito absoluto e pleno: poder usar, gozar e dispor; ser perpétuo; ser exclusivo; possuir uma submissão aderente, dando direito a reaver a propriedade de quem a detenha por motivos diversos. Embora o direito social ainda esteja vendo a propriedade de acordo com essas características, uma revisão corrigindo distorções da conquista e do colonialismo se faz urgente e necessária. Só assim poderemos enveredar por legislação referente à reforma agrária e a questões ambientais. Sem dúvida, os currículos dos cursos de

Direito, assim como das áreas afins, são extremamente conservadores na abordagem desses temas.

Questões fundamentais

Ainda mais urgente e necessária é a satisfação, com eqüidade, das necessidades vitais, materiais e espirituais de todos os povos. Falar em "necessidades vitais, materiais e espirituais" encontra muitas vezes uma reação negativa. A vontade, que caracteriza o ser (verbo) humano, se manifesta no ato total de sobreviver e de transcender. Serão ambos dicotômicos? Será sustentável a dicotomia corpo e mente? Serão excludentes o material e o espiritual?

Ofereço como ponto de partida para essas reflexões a seguinte questão: *justifica-se a construção de uma estrada ou de uma represa que destrua ou que inunde lugares sagrados, ou mesmo monumentos culturais, de um povo?* Proponho uma resposta: Não. A réplica virá: Então estaremos impedindo o progresso. Proponho uma resposta: Busquem-se alternativas.

Essas alternativas implicam reconceituar a ciência, a tecnologia e o progresso, amparando essas reconceituações numa ética. Na verdade, ao longo da história foi-se removendo a ética do progresso científico, conseqüentemente do tecnológico. De outra maneira possivelmente teriam sido desenvolvidos novos modos de saber(es)/fazer(es), subcrdinados aos parâmetros implícitos na questão de partida. Talvez no futuro seja possível chegarmos a uma outra conceituação de desenvolvimento e de progresso.

Questionar por que o progresso científico não teve, ao longo da história, mais responsabilidade associada a ele é uma tarefa difícil. Propostas epistemológicas que, mesmo de leve, sugerem um equívoco do progresso científico e a possibilidade de alternativas são violentamente combatidas. Mesmo filósofos "acima de suspeita" chegam a ser quase execrados. Por exemplo, numa resenha recente de *Knowledge and the Body-Mind Problem*, de Karl R. Popper, David Papineau diz que "já está se tornando difícil compreender como Popper (conseguiu) adquirir seu prestígio" (*The Times Literary Supplement*, 4812, 23 de junho de 1995, p. 4). E o que não se diz de Paul Feyerabend...!

Somos levados, assim, ao difícil questionamento do que é progresso e de como a modernidade se associou a essa noção.

A TRANSDISCIPLINARIDADE

A abordagem dessas questões dificilmente poderá ser feita fora do âmbito da transdisciplinaridade. Está claro que a transdisciplinaridade não constitui uma nova filosofia, uma nova metafísica, nem uma ciência das ciências. Muito menos uma nova postura religiosa. Nem é, como alguns insistem em mostrá-la, um modismo.

O essencial na transdisciplinaridade reside na postura de reconhecimento de que não há espaço nem tempo culturais privilegiados que permitam julgar e hierarquizar como mais corretos – ou mais certos ou mais verdadeiros – os diversos complexos de explicações e de convivência com a realidade. A transdisciplinaridade repousa sobre uma atitude aberta, de respeito mútuo e mesmo de humildade com relação a mitos, religiões e sistemas de explicações e de conhecimentos, rejeitando qualquer tipo de arrogância ou prepotência.

A transdisciplinaridade é transcultural na sua essência. Implica num reconhecimento de que a atual proliferação das disciplinas e especialidades acadêmicas e não-acadêmicas conduz a um crescimento incontestável de poder associado a detentores desses conhecimentos fragmentados. Esse poder contribui para agravar a crescente iniqüidade entre indivíduos, comunidades, nações e países. Além disso, o conhecimento fragmentado dificilmente poderá dar a seus detentores a capacidade de reconhecer e enfrentar tanto problemas quanto situações novas que emergem em um mundo complexo. Acrescenta-se à sua complexidade natural aquela que resulta desse próprio conhecimento – transformado, através da tecnologia – em ação que incorpora novos fatos à realidade.

O HOMEM NO COSMOS

O nosso habitat, o planeta Terra, tem uma idade estimada em quatro e meio bilhões de anos. Estima-se que a vida teve inicio há cerca de três e meio bilhões de anos. Desde então sabe-se de uma verdadeira ciranda de espécies aparecendo e se extinguindo. A espécie *Homo sapiens sapiens*, identificada no planeta há cerca de 100.000 anos, é extremamente jovem quando comparada com outros hominídeos que deixaram sua marca desde 4.500.000 anos atrás. Esses também tiveram uma existência limitada quando comparados com outras espécies, por exemplo os dinossauros, que habitaram o planeta por cerca de 100 milhões de anos. Quando refletimos cosmicamente, é perturbador notar que nossa espécie, inteligente, capaz de comunicar-se em todo o planeta e mesmo fora dele, tem apenas 100.000 anos de experiências acumuladas. Quando nos situamos no cosmos, agora acessível por meio de modernas sondas espaciais, a brevidade da existência de nossa espécie é alarmante quando comparada com a estimativa de 15 bilhões de anos desde a criação cósmica, *big-bang* ou equivalentes.

Nesse curtíssimo espaço de tempo, a espécie acumulou enormes conhecimentos sobre os fatos da realidade, adquirindo uma notável capacidade de ação. No quase instante de nossa existência, cada um de nós pode dominar esses conhecimentos. Vê-se acelerar o ritmo de crescimento dessas capacidades. Mas à medida que nos aprofundamos nas minúcias e detalhes associados a disciplinas, subdisciplinas e especialidades, cresce o perigo de se chegar à autodestruição. Tanto poder concentrado em cada um de nós pode definir um paraíso ou um inferno na nossa efêmera existência.

A ameaça associada a uma aparente irreversibilidade do processo é compensada por uma tomada de consciência da fragilidade desse estilo de aquisição de conhecimento e de desenvolvimento de capacidades. A própria evolução do modelo ameaçador nos revela as suas inadequações, as suas distorções, a impossibilidade de uma visão global e holística do homem como um integrante, diferenciado, da totalidade cósmica.

A única alternativa que resta é nos integrarmos nessa totalidade cósmica em várias etapas, começando pela nossa integração pessoal, como indivíduos. Mente e corpo, consciente e inconsciente, o material e o espiritual, nosso saber e fazer, enfim todas essas e outras dicotomias, com as quais nos habituamos a nos ver na nossa mais profunda intimidade, deverão ser superadas. Temos que vencer a dominância do ser (substantivo) sobre o ser (verbo). Somente através da redefinição do **eu** é que estaremos em condição de redefinir nossas relações com o **outro**. A partir de então estarão abertas as portas de um novo relacionamento com o diferente, com a natureza e com o cosmos na sua totalidade.

A busca de uma sociedade integrada no nosso entorno familiar – onde está o outro mais imediato –, no nosso entorno comunitário – a nossa tribo –, no nosso entorno nacional – o nosso país –, são etapas necessárias para se chegar à integração da humanidade como um todo – o nosso planeta. Então poderemos nos situar num contexto mais amplo, transcender nossa existência tão efêmera, avaliar nossa dimensão como indivíduos na realidade cósmica. Espera-se que a arrogância, a inveja e a prepotência cedam lugar ao respeito pelo diferente, à solidariedade com o outro e à cooperação na preservação do patrimônio natural e cultural comuns.

Eliminar arrogância, inveja, prepotência e adotar respeito, solidariedade e cooperação, implica um pacto moral entre todos os homens interessados numa nova perspectiva de futuro para a humanidade. O caminho para isso é a identificação do muito que pode ser mudado, sobretudo nos sistemas educacionais.

O CURRÍCULO

Vamos voltar a falar de currículo e levar essas considerações a uma reflexão sobre sistemas educacionais e currículo.

Um dos maiores problemas que enfrentamos hoje na educação está sendo o alto índice de reprovação, além da enorme evasão escolar. Ambos estão relacionados. Medidas dirigidas ao professor, tais como fornecer-lhe novas metodologias e melhorar – qualitativa e quantitativamente – seu domínio de conteúdo específico, são sem dúvida importantes, mas têm tido pouco resultado. Naturalmente, as pós-graduações são importantes, devem ser estimuladas. Da mesma maneira a busca de titulações superiores poderia ter efeitos muito positivos na condução da prática educativa. No entanto, em si essas medidas podem ser frustrantes. Desprovidas de uma reflexão mais profunda e contextualizada, essas práticas pouco têm a ver com a qualidade do ensino.

Igualmente, ao se focalizar no aluno os esforços para a melhoria, seja buscando aumentar sua freqüência a aulas e exames ou criando novos testes e mecanismos de avaliação, tampouco tem se logrado resultados positivos.

Identificamos, como fatores de baixo rendimento, elementos de natureza social, cognitiva e epistemológica. Algo está errado com a filosofia que orienta a organização e o funcionamento do sistema educacional. Esse sistema é extremamente dinâmico. Deve se transformar paralelamente às transformações dos vários setores da sociedade. Reconhecemos que mecanismos de avaliação desse sistema são necessários. Mas devemos procurar instrumentos de avaliação de outra natureza, distintos do que vem sendo erroneamente utilizado para testar alunos, tais como provas, exames, questionários e similares.

A efetividade de um sistema só pode ser avaliada através da análise do comportamento, individual e social, que resultou da passagem pelo sistema. Uma análise de impacto social, assim como do comportamento dos indivíduos e da sociedade como um todo, é a que deveria ser aplicada. Isto se torna uma necessidade para a continuidade do sistema. Os resultados da aplicação de instrumentos tradicionais poderão, na melhor das hipóteses e no caso de se elaborar bons modelos de interpretação, dar apenas informações parciais. São focalizadas e geralmente pouco relevantes para se ter um panorama da qualidade do sistema como um todo.

A GLOBALIZAÇÃO E A TRANSDICIPLINARIDADE

O mundo passa por grandes transformações. Essas transformações, conseqüência principalmente da globalização, afetam sobremaneira a textura social e a economia. Têm profundos efeitos nos modos de produção e na aquisição de conhecimento.

As comunicações, sobretudo via televisão, nos dão uma imagem das iniqüidades, da pobreza e das violações da dignidade humana em todo o mundo. Revelam a crescente destruição do patrimônio ambiental e cultural. São desnecessários os exemplos.

O conhecimento científico nos permite uma visão crítica dos perigos da degradação da humanidade e do meio ambiente. Através das possibilidades da informática, assim como da teleinformática, podemos hoje acompanhar e prever as conseqüências dos conflitos sociais, das guerras e das agressões ao ambiente.

Um dos efeitos da globalização se nota no questionamento dos paradigmas do conhecimento, que remontam a Descartes. As implicações do pensamento cartesiano no dia-a-dia, isto é, nos meios de produção, na organização do trabalho e no comportamento da população, são reconhecidas por todos os setores da sociedade. Os desacertos da sociedade americana são bem mostrados no livro do vice-presidente dos Estados Unidos, Al Gore, *A Terra em Balanço* (Editora Augustus, São Paulo, 1994). Embora não se tendo originado nos círculos acadêmicos, essa obra deveria ser leitura requerida de estudantes de graduação, pois dá uma visão abrangente do mundo moderno em direção ao qual nos encaminhamos, escrita por um político ocupando uma das mais importantes posições do mundo.

Lamentavelmente, a universidade é pedante. A academia recusa a leitura de textos como esse. Da mesma forma que recusa uma discussão sobre problemas educacionais a partir da Escolinha do Professor Raimundo e recusa um estudo da sociedade brasileira através das telenovelas da Globo. Ou superamos esse ranço acadêmico ou estaremos fadados a uma escola – em especial uma universidade – desvinculada da realidade.

A academia deve urgentemente reconhecer os novos paradigmas do conhecimento científico, partindo daí para uma nova dinâmica curricular, incorporando modelos interdisciplinares e transdisciplinares, assim como o multiculturalismo conseqüente. O interessante estudo de Julie Thompson Klein, intitulado *Interdisciplinarity – History, Theory, & Practice* (Wayne State University Press, Detroit, 1990), é ainda praticamente desconhecido nos meios acadêmicos. Também menciono a coletânea *Interdisciplinary Analysis and Research* (Daryl E. Chubin, Alan L. Porter, Frederick A. Rossini, Terry Connolly, ed. Lomond Publications, Inc., Mt. Airy, 1986). No Brasil, o livro de Pierre Weil, Ubiratan D'Ambrosio e Roberto Crema, *Rumo à Nova Transdisciplinaridade – Sistemas Abertos de Conhecimento* (Summus, São Paulo, 1993), oferece uma introdução. Lembro também *O Pensamento Inquieto* (Clodomir de Souza Ferreira *et al.*, Editora Universidade de Brasília, 1993).

O reconhecimento dos problemas mais urgentes do mundo moderno deve levar a universidade a dar prioridade ao objetivo maior da cidadania plena através da **paz total**. Quer dizer, paz interior, paz social, paz ambiental e paz militar. A perspectiva de não se lograr essa paz total leva jovens ao desencanto, à angustia e até ao desespero. Sem dúvida ao cinismo e à indiferença. Daí não é difícil que busquem seu caminho na violência, na corrupção, na delinqüência. Drogas e criminalidade são conseqüências óbvias.

Muitos mestres estarão pensando: "Mas isto é da competência de psicanalistas! Eu sou é um professor de Cardiologia". Esses indivíduos dirão no futuro: "Minha responsabilidade foi ensinar para o aluno onde fica o coração, como é e como funciona. Não é minha culpa que hoje ele esteja trabalhando para traficantes de órgãos". Mas um dia esse pseudomestre vai se perguntar: "Será que eu não poderia ter ensinado algo mais para meus alunos?". O fato é que, ou se é mestre na sua totalidade e se fala de tudo, ou se é meramente repetidor de teorias feitas e congeladas, como num bom CD-ROM. Vejo nossa responsabilidade indo muito além da competência disciplinar.

Não haverá muita possibilidade de uma humanidade com dignidade sem que se atinja a paz total. Preocupações sobre esses problemas maiores têm sido praticamente inexistentes nos currículos de nossas universidades. O grave é que se estudam ciências que estão diretamente ligadas a esses problemas, mas sem qualquer referência a eles. Pior, sem qualquer reflexão sobre a ética do conhecimento; em particular, do conhecimento científico. Reflexões desse gênero estão em Ubiratan D'Ambrosio, *Pensamento Inquieto – O Fórum de Ciências e Cultura da UNESCO e seus Documentos sobre a Crise Global: As Declarações de Veneza, de Vancouver e de Belém* (Cadernos de Extensão, Decanato de Extensão, Universidade de Brasília, 1992).

Reflexos nos modelos de universidades

Qual a posição do jovem com relação a tudo isso? Sem dúvida, ele acompanha, vê e sente o que se passa, não só na sua família e na comunidade em que tem presença, mas igualmente no que lhe é remoto. Sobretudo através da televisão, acompanha tudo que se passa no mundo. E através das aplicações da informática, navega pelo seu imaginário, penetra no passado e se projeta no futuro, criando realidades virtuais. Reconhece-se que o jovem de hoje está imerso nessa nova atmosfera. Seria uma ingenuidade desastrosa, como de fato está sendo, tentar criar mecanismos para refrear isso. Sobretudo no sistema escolar, há uma tentativa de enganar o jovem, oferecendo-lhe um currículo desinteressante e descomprometido.

Naturalmente, o jovem não vê perspectivas profissionais com o modelo atual das universidades. Tem suficiente crítica para perceber que o que se lhes ensina é, além de desinteressante, obsoleto e, na sua maioria, inútil no estado atual de conhecimento. O jovem sabe que aprende muito mais fora da escola. Sabe que há uma nova prática para a aquisição de conhecimento. A escola está descompassada.

Se pretendemos uma educação abrangente, envolvida com o estado do mundo, abrindo perspectivas para um futuro melhor, temos que repensar nossa prática, nossos currículos. Os objetivos da educação são muito mais amplos que aqueles tradicionalmente apresentados nos esquemas disciplinares. Devem necessariamente situar a educação no contexto da globalização evidente do planeta.

A globalização tem como conseqüência uma nova divisão do trabalho intelectual. Provoca a necessidade de trabalho em equipe no ensino e na pesquisa, a intensificação de estudos comparados e de áreas híbridas de investigação. Pressiona o surgimento de uma variedade de perspectivas holísticas que contestam as tradicionais fragmentações do conhecimento em disciplinas, subdisciplinas, sub-sub-disciplinas, e assim por diante. O conhecimento hoje tem seu foco ampliado para responder a questões complexas, abordar temas amplos, resolver problemas novos e enfrentar situações sem precedentes. Uma discussão desses objetivos, particularmente com relação ao ensino de ciências, matemática, engenharia e tecnologia foi publicada como resultado de um simpósio, sob minha coordenação, promovido pela National Science Foundation dos Estados Unidos, em Washington, DC, em julho de 1992: *Science, Mathematics, Engineering, and Technology Education in the*

21st Century – A National Science Foundation Report of a Summer Symposium on Educating for Citizenship in the 21st Century, Washington, DC, July, 1992 (National Science Foundation, Washington, DC, 1993; NSF 94-67 (new)). Isto tem como conseqüência direta uma outra dinâmica na condução dos trabalhos da universidade.

Uma vista de conjunto sobre as universidades ao longo da história da Europa nos mostra que as mesmas sempre refletiram o momento – espaço e tempo – em que operavam. Desde as academias gregas aos mosteiros e às universidades medievais, o modelo é o discípulo cercado por fontes – mestres, livros, meditações, reflexões, discussões. Experimentação, pesquisa e diversidade cultural viriam mais tarde, expandindo o modelo a partir da Inglaterra. A universidade profissional já encontra em Portugal uma primeira aproximação, fornecendo os grandes navegadores. A caravela e a navegação pelo hemisfério sul muda o conceito de comandante, que passa de capataz a intelectual. As escolas de astronomia e de medicina, a partir do século XV, são uma ponte da teoria à prática. A relação com uma problemática nacional caracteriza o modelo das *grandes écoles*, cuja influência se fez sentir no modelo adotado no Brasil. A universidade moderna, com departamentos, faculdades e objetivos ligados ao momento sócioeconômico, tem sua origem na Universidade de Berlim, na segunda metade do século passado. Com algumas variações cosméticas, esse modelo prevalece até hoje. Novas universidades começam a surgir somente nesta segunda metade do século.

Minha primeira experiência em uma universidade que inovou conceitualmente foi em 1968, na State University of New York (S.U.N.Y.) at Buffalo. Por iniciativa do grupo de biologia molecular, liderado por James Danielli, John Eccles, Charles Waddington e por uma equipe de jovens biólogos matemáticos, sob a liderança de Robert Rosen, implantou-se um sistema de *colleges*. Isto é, de unidades tutoriais e interdisciplinares em funcionamento paralelo ao esquema tradicional, que é praticamente o mesmo em todas as universidades norte-americanas. O modelo tem alguma semelhança com o modelo inglês dos *colleges* e com a Scuola Normale Superiore de Pisa, Itália. Diferentemente dessas, não era residencial. A medida preliminar para possibilitar um sistema desse gênero foi colocar um teto de 16 horas/crédito semanais no número de aulas permitido para um aluno. Enquanto o usual era 24 horas, a redução pode-se considerar drástica. Foram monumentais os protestos por parte de professores que diziam ser impossível dar o programa com tal redução de aulas. Esses protestos foram respondidos com um lacônico "reduza o programa". Vejo a redução drástica do número de aulas na universidade brasileira como uma medida necessária e urgente. Lembro que a proposta da S.U.N.Y. surgiu na efervescência dos movimentos dos anos sessenta, que na Europa culminou com a revolta estudantil de 1968, na França.

No Velho Mundo, esse profundo movimento social, focalizado na educação superior, deu como resultado uma cadeia de universidades novas. Reputo como as de maior sucesso as universidades de Aalborg e de Roskilde, na Dinamarca, assim como Bielefeld, na Alemanha. Mas nos Estados Unidos, engajados numa guerra sem sentido e com uma discriminação racial ainda amparada em preceitos legais, o fenômeno teve um caráter mais geral, tomando a forma de vários movimentos, como o dos hippies, o Free Speech Movement, o Affirmative Action, o Gay Liberation, o Anti-Vietnam War, bem como inúmeros outros profundamente interligados.

No seu livro mais recente, Eric Hobsbawn fala de um compromisso público com o proibido e o convencional expresso no "mostrar a cara" ou "querer ser", e cita um *slogan* de maio de 1968 mencionado num estudo de George Katsiaficas: "Tomo meus desejos por realidade, pois acredito na realidade de meus desejos" (Eric Hobsbawn, *Era dos Extremos – O Breve Século XX, 1914-1991*, Companhia das Letras, São Paulo, 1995, p. 325). Todos esses eventos representam propostas de uma nova ordem social. Merecem uma reflexão muito mais profunda do que aquela que tem sido feita.

Esse fenômeno, protagonizado pela geração nascida na Segunda Guerra Mundial, angustiada por ver que os sacrifícios dessa guerra estavam entrando no esquecimento dos seus pais, teve repercussões no Brasil, assim como nos demais países da América Latina. As ditaduras militares não tiveram muita dificuldade em intensificar a repressão focalizada nesses movimentos.

Não se pode negar os reflexos dessas idéias no ensino superior. Universidades como a de Tsukuba, no Japão, a Drexel, nos Estados Unidos, o movimento Science, Technology and

Society e inúmeras outras propostas interdisciplinares são manifestações em sintonia com as contestações explicitadas nos anos sessenta.

Desenvolvemos na UNICAMP, de 1975 a 1980, uma experiência do gênero num Programa de Mestrado em Ensino das Ciências e da Matemática, sob patrocínio da Organização dos Estados Americanos. O resultado foi excelente. Para detalhes a respeito, recomendo *O Ensino de Ciências e Matemática na América Latina* (Papirus Editora, Campinas - SP, 1984). Os resultados desse programa mostram o acerto dessas propostas.

Organização administrativa e curricular: uma proposta para as universidades paulistas

A essência comum a essas propostas é envolver o aluno, desde seu ingresso na universidade, em um processo criativo. Ele se associa a um pesquisador, um laboratório ou um projeto. Ou a algo do gênero. Um sistema muito parecido com o tutorial ou artesanal. As modalidades vão desde o envolvimento total do aluno – como foi o caso do Programa de Mestrado da OEA em Campinas e da Aalborg University –, ou apenas parcial, usando parcela do seu tempo nessas atividades, como no esquema mencionado dos *colleges*, na S.U.N.Y. at Buffalo.

Claro, isso exige repensar o conceito de disciplinas, removendo alguns aspectos obsoletos do atual arranjo curricular.

Dentre as obsolescências mais gritantes estão a idéia de pré-requisitos, os exames de proficiência e o caráter propedêutico das disciplinas.

Em primeiro lugar, a novidade é a inclusão de uma ou mais disciplinas sensibilizadoras, abordando problemas globais. Uma universidade multicampi, como é o caso da UNESP, digamos, não poderá se furtar a uma ampla utilização de Ensino à Distância para dar conta dessas disciplinas sensibilizadoras. A abordagem a temas gerais, a problemas sentidos na sociedade de hoje, aos grandes questionamentos ou grandes tentativas de explicação, globalizados e comparativamente localizados, são objetivos dessas aulas. Aulas originais, primorosamente preparadas, contendo pensamento novo, críticas novas, exposições novas, que têm a marca de um professor, podem, pelo ensino à distância, ser reconhecidas em praticamente todos os campi. Por que só disponíveis onde são originadas? Deveriam ser transmitidas e retransmitidas para todos os campi. Um professor da UNESP é um patrimônio de toda a universidade. Um aluno da UNESP se beneficia de toda a universidade. Se a distância entre os campi dificulta isso, a tecnologia moderna permite superar essa dificuldade. Mas o verdadeiro obstáculo está na mentalidade, na burocracia rançosa das universidades. Pois a USP e a UNICAMP têm um campus, e o afastamento entre as unidades do mesmo campus é tão grande quanto a distância entre os campi da UNESP.

A propósito, cabe um questionamento sobre a distância entre as universidades. Por que um aluno da UNESP/

Rio Claro que mora em São Paulo não pode assistir e receber créditos por disciplinas que interessam muito ao seu programa, oferecidas pela USP? Afinal, a dificuldade de ingresso é a mesma, os quadros docentes são equivalentes quanto à qualificação, a produção científica é competitiva entre as três universidades estaduais, os salários são equiparados, o orçamento é global.

Justifica-se um curso de graduação ou mesmo de pós-graduação lecionado e repetido anualmente em São Paulo, em Campinas, em Rio Claro, em São José do Rio Preto e em outros campi do Estado? Certamente não temos recursos humanos para lecionar quatro ou cinco cursos novos de temas especializados, com inovações, ano após ano. Talvez cada um dos especialistas, dando esse curso uma ou duas vezes e depois passando quatro ou cinco anos sem repeti-lo, ofereça a possibilidade de termos, sempre, um curso novo e inovador. Certamente muito mais grave é a situação de Cálculo e de inúmeras outras disciplinas dos cursos básicos. São repetidas ano após ano, mais de cinqüenta vezes no Estado de São Paulo, naturalmente sem inovação, desinspiradas e desinspiradoras, baseadas em livros "consagrados" que normalmente são ligeiras modificações de outros consagrados um pouco mais antigos. Uma disciplina como Cálculo, tão freqüente e obsoleta – há décadas com o mesmo programa – produz um professor universitário especialista em ensinar Cálculo, repetidor da mesma coisa durante vinte ou trinta anos. O mesmo se dá com praticamente todas as disciplinas de graduação. O professor criativo deveria ver nessas disciplinas um desafio em inovação. Deveria aceitar repetir suas aulas uma ou duas vezes no máximo.

A mesma crítica se faz no ensino primário e na verdade em todas as áreas profissionais. A velha idéia de quanto mais vezes faz, melhor faz, é insustentável. O "kumonismo" é a antítese da criatividade. As empresas já aprenderam isso. Uma das inovações mais importantes nas empresas é mudar as funções do pessoal. Dificilmente alguém fica fazendo a mesma coisa por mais de cinco anos, pois sua capacidade criativa se esgota após um período de repetição.

Essas são minhas idéias sobre a metodologia de organização curricular. Não podemos nos esquecer que ensino é o objetivo primeiro da universidade. As administrações das universidades do Estado – e o mesmo se dá com as universidades federais – caminham rapidamente para um beco. Não há possibilidade de aumento considerável de recursos do orçamento. Enquanto a demanda por novos cursos e mais vagas é inegável e as pressões são crescentes, os encargos – salários e equipamentos – crescem, enquanto o número de docentes e funcionários deve necessariamente diminuir. Reduzir custo sem baixar a qualidade é o grande desafio. Isso requer muita criatividade no trabalho com os alunos. Sobretudo a docência deve ser repensada. Pesquisa e serviços só se justificam na universidade se enriquecedores dos programas de ensino.

Sem dúvida, o Estado pode e deve manter institutos de pesquisa e prestadores de serviço à produção, em íntima cooperação entre si e com as universidades, mas com esquemas administrativos próprios, além de prioridades específicas. Vejo como exemplos muito positivos os Institutos de Pesquisa ligados às Secretarias de Estado, em particular às Secretarias da Agricultura e da Saúde, e a FUNDAP. Também é muito interessante estudar a conceituação dos institutos isolados do Estado de São Paulo, que deram origem à UNESP. Na verdade foram criados como prestadores de serviço à rede educacional, tanto que subordinados à Secretaria de Educação. Ao que me consta, um estudo mais aprofundado da criação desses institutos ainda não foi feito.

No que se refere ao conteúdo, no modelo que eu sugiro é fundamental que as disciplinas sejam lecionadas com muito cuidado e competência. Devem ser um estímulo à criatividade. As boas atividades – as não boas devem ser descontinuadas! – devem estar disponíveis para todos os campi. Particularmente as aulas de conteúdo, que aparecem como disciplinas de suporte em resposta a interesses específicos ou a necessidades dos alunos. Naturalmente, essas aulas abordarão um conteúdo diversificado, atrelado aos projetos de pesquisa nos quais está envolvido o aluno, e em resposta às necessidades sentidas na execução desses projetos. Jamais devem funcionar como um conteúdo programado em função de uma suposta lógica interna da área de conhecimento correspondente.

Por exemplo, uma aula de Cálculo sobre "Continuidade" poderá aparecer em inúmeras versões. Uma para o calouro, outra para o doutorando, outra para o estudante de anatomia que talvez necessite ou se interesse pelo tema, outro para o sociólogo estudando revoluções políticas, e sei lá o que, mil coisas... Muito dirão: "Mas isto será um forró!". Exatamente, um forró *(free for all)*. Todo conhecimento deverá estar disponível, em vários níveis de exposição, para todos, quando quiserem ou necessitarem.

Eu antecipo críticas. Algumas de natureza moral. Tipo: "Os alunos não vão querer nada de coisa alguma". Resposta: "Como é possível ser educador sem se acreditar que a nova geração está interessada, e quer qualidade, em lugar da repetição de coisas obsoletas e inúteis?". Outras são de natureza metodológica. Como: "Mas como será possível ensinar isso sem antes dar aquilo?". Para responder a estas, sugiro um passeio pela História das Idéias – mas história no estilo dos *Annales*, ou de Hobsbawn ou de Rudé ou de Andrés-Gallego.

A desmistificação dos conteúdos

Desmistificar conteúdos talvez seja o passo mais importante no momento atual. Será uma reedição do que se passou no século XVIII, com a proliferação das Enciclopédias. O objetivo foi democratizar o saber, torná-lo acessível ao povo. Sugiro a leitura do Discurso Preliminar, por Diderot e D'Alembert, da *Enciclopédia, ou, Dicionário Raciocinado das Ciências, das Artes e dos Ofícios – Por uma Sociedade de Homens Letrados*, em primorosa edição da Editora UNESP, 1989.

Hoje, com vídeo, CD-Rom, EAD, temos enormes possibilidades de desmistificar e democratizar o saber. Os alunos, que sabem disso, não podem respeitar o professor repetidor. A reação não tarda, manifestando-se como evasão e repetência, que é uma reação branda e desconcertante. Aprenderam a lição de 1968, que a reação deve ser sutil. Sabem que então não se conseguiu muito – na verdade, quase nada –, pois o *establishment* é mais experiente, capaz de reintegrar-se após o choque.

O verdadeiro professor universitário não é aquele que repete o que foi feito, dito e escrito por outros. Ele, como professor universitário, é pesquisador e estará gerando novo conhecimento, professando seu pensamento original; sobretudo o professor em Regime de Dedicação Integral à Docência e à Pesquisa. Somente assim poderá se justificar num regime de contenção de despesas que certamente atingirá as universidades. Tempo integral nas universidades implica produzir pensamento novo e professá-lo. Não repetir, coisa que vídeos, discos e outros meios podem fazer muito bem, além de estar sempre mais atualizados. Não haverá na universidade do futuro lugar para repetidores. A idéia de ser professor não é repetir conhecimento de segunda mão. Na universidade medieval essa tarefa menos nobre era reservada a um leitor que, numa cadeira – não cátedra! – situada num plano inferior, lia quando o professor desejava fazer referência às obras de outros. A sala de aula da Universidad de Salamanca, integralmente conservada, é a imagem dessa situação. Hoje, esse leitor é virtual!

Pergunta-se: Então acabamos com as aulas? Claro que não. Mas cada aula deve ser uma oportunidade única de se ouvir o que não está em livros, o que não está gravado em áudio ou em vídeo e que não é repetido. Assim se justifica ir assistir a uma aula. Dificilmente uma variedade tão grande de conteúdos programáticos pode ser tratada com a metodologia da repetição. Não há docente capaz de ser original em doze horas de aulas por semana. Daí, seu recurso é repetir o que fizeram e publicaram. E o aluno sabe que aquilo não é dele, não é novo. A desinspiração é total, em ambas as partes.

O DESAFIO FINAL

Uma universidade oferece a melhor oportunidade para o jovem – e também para o docente – encontrar o outro numa tarefa cooperativa. Na universidade podem-se criar verdadeiras oportunidades de se praticar modalidades de divisão do trabalho intelectual. De se iniciar um trabalho em equipe no ensino e na pesquisa. De intensificar estudos comparados em áreas híbridas de investigação. E de se acompanhar o surgimento de uma variedade de perspectivas holísticas que contestam as tradicionais compartimentações do conhecimento em disciplinas, subdisciplinas, sub-sub-disciplinas etc. Na universidade surgem grandes oportunidades de responder a questões complexas, abordar temas amplos, resolver problemas novos, enfrentar situações sem precedentes.

Isso é o que o jovem espera encontrar na universidade, mas a mesma continua no seu psitacismo, aplicando testes e exames classificatórios que provocam competição individualista, estimulam comportamento egoístico e falso. Sobretudo, que impõe o inútil e o obsoleto. O jovem criativo não pode agüentar isso. Ele quer participar e efetivamente participa, através do seu voto, das decisões sobre os destinos do país. O que ele espera da universidade não é o que a universidade está lhe oferecendo. E mostra a sua repulsa. Daí a reprovação e a evasão.

Se a universidade pública persistir, pedagógica e administrativamente, no modelo atual, está fadada ao fracasso.

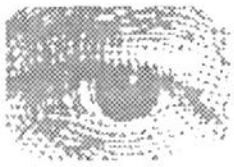

História, Ciência e Etnomatemática

A situação em que se encontra o mundo hoje nos faz questionar o acerto do que se passou com o processo de globalização política e econômica que resultou dos grandes descobrimentos. Desde a conquista, até o aparecimento de grandes áreas de influência econômica, as várias tentativas de levar a humanidade a um padrão de vida digno e decente, através de organismos como a Liga das Nações e a Organização das Nações Unidas, têm sido frustradas. A frustração vem de ações – na maioria das vezes arrogantes – destinadas a manter as características essenciais do regime colonialista, agora sob outros rótulos. O fato é que o mundo "descoberto" a partir do grande feito de Colombo tornou-se o Terceiro Mundo. As raras exceções conduziram ao aparecimento de novas estrelas na diminuta constelação imperial do universo colonialista. O êxito dos grandes descobrimentos fica ofuscado pelo insucesso na empresa de se levar, para o setor "descoberto" da humanidade, qualidade de vida digna e padrões mínimos de sobrevivência.

Somente através de um conhecimento aprofundado e global de nosso passado é que poderemos entender nossa situação no presente. A nós, historiadores das ciências e da tecnologia, cabe não apenas o relato dos grandiosos antecedentes e conseqüentes científicos e tecnológicos das grandes descobertas, mas sobretudo a análise crítica do que poderá ter havido de distorções tanto nas fases que prepararam os descobrimentos quanto nos próprios processos de conquista e colonização. Essas distorções deram como resultado a angustiante situação atual, onde coexistem um mundo de fartura e prosperidade e um outro mundo de miséria e desumanidade, além da aterrorizante perspectiva de extinção da civilização no planeta.

A ciência moderna nasceu enquanto o chamado Velho Mundo se deslumbrava com a nova realidade que representou o Novo Mundo. A partir de então, sua evolução ocorreu com a participação de todos. Ao reconhecermos uma contribuição intensa de cientistas do Velho Mundo na construção do conhecimento científico nos primeiros quatro séculos após o primeiro encontro, também é importante lembrar que o cenário natural, cultural e social do Novo Mundo foi fundamental para o imaginário que serviu de base para essa mesma construção. Até os dias de hoje, a natureza e a cultura exuberantes do hemisfério conquistado ainda ativam esse imaginário. Um notável esforço de conciliação faz com que episódios de genocídio humano e cultural – que não podem ser classificados de outro modo – perpetrados nos anos difíceis da época colonial e durante a independência crioula cedam lugar à busca de novos rumos para a humanidade, com a finalidade maior de sobrevivência do planeta e da civilização. Aos historiadores das ciências cabe a recuperação de conhecimentos, valores e atitudes – muitas vezes relegados a plano inferior, até reprimidos e eliminados – que poderão ser decisivos na busca desses novos rumos.

Cabe reconhecer, citando Arnaldo Momigliano, que somos uma cultura triangular, resultado das tradições européias, africanas e ameríndias. Momigliano atribui às civilizações judaica, grega e romana, a essência dessa composição cultural triangular. Creio que é hora de recuperarmos, na história das ciências e da tecnologia, esse equilíbrio triangular. Isso é imprescindível, mesmo reconhecendo que a tarefa de enveredarmos para novas concepções de ciência, assim como para novas propostas historiográficas e epistemológicas, é difícil, ingrata e às vezes desconcertante.

Uma visão da conquista e colonização do Novo Mundo

O gênio ocidental, mescla de inúmeras culturas ao redor do Mediterrâneo, produziu durante a Idade Média as bases fundamentais de um modelo de pensamento que se manifesta em conceitos religiosos, artísticos, sociais e científicos. Por conseguinte, manifesta-se igualmente em conceitos políticos, econômicos e militares, com um grau bastante alto de homogeneidade.

Uma dessas manifestações é a maravilhosa aventura da conquista, abrindo novas rotas marítimas, circunavegando o globo e possibilitando a criação de um *corpus* de conhecimento que se estruturou no que hoje chamamos a ciência moderna. Outra é a equivocada criação de um modelo econômico baseado na exploração insustentável de recursos naturais e humanos.

Desses fatos intimamente relacionados resultaram os episódios – também intimamente ligados – do colonialismo e do surgimento da sociedade industrial, mediante a utilização da técnica, modificando os modos tradicionais de trabalho e produção. Em conseqüência, surgiram novos modos de explicação, que de maneira arrogante se convencionou chamar racionalismo, em oposição ao que tradicionalmente era o domínio da metafísica. Esses novos modos de explicação ampararam os novos modos de produção e de propriedade a eles associados. Esses novos modos de explicação, de produção e de propriedade ocidentais também determinaram, no curso de mais de 500 anos, a globalização do planeta e uma ordem política e econômica subordinadas a um estilo de burocratização hierarquizada, na qual se integram como características a produção industrial e o monetarismo. A globalização e o conceito de desenvolvimento – inicialmente chamado movimento civilizatório – produziram tanto distorções quanto contradições, culminando com ações de ajuste e reajuste, evoluções e revoluções. Algumas dessas ações nos interessam em particular para o entendimento da entrada de nossos países no chamado mundo moderno.

A passagem do século XIX para o XX, simbolicamente representada na nova Babel, a Torre Eifel – que expressa a fusão cultural sintetizada nos transportes rápidos e nas comunicações instantâneas –, glorifica a industrialização e o saber tecnológico, antecipando os assombrosos êxitos do porvir nas incursões pelo cosmos e no desvendar dos microcomponentes da matéria. Simbolicamente, abandona-se a humildade da busca em favor da arrogância do saber rigoroso, preciso e absoluto, sintetizado pela Matemática, então e hoje defendida como padrão de verdade incontestável e certeza definitiva. Torna-se lugar comum buscar a matematização como fator de validação em todos os setores do conhecimento. É esse o ideal máximo do racionalismo.

O monumento ao triunfo do racionalismo convalidador constrói-se onde poucos anos antes se manifestara de forma violenta o protesto de uma classe oprimida. A comuna encadeia-se numa série de revoluções sociais e ideológicas, que se iniciam com a Revolução Americana de 1776 e com a Revolução Francesa de 1789. Cinicamente, constrói-se a Torre Eifel, Babel moderna, glória da nova era industrial, como marco dos cem anos da Revolução Francesa.

Enquanto isso, as civilizações autóctones no Novo Mundo colonizado tiveram seu processo de evolução cultural praticamente interrompido. Sob esse aspecto, a colonização das

Américas difere muito do processo colonialista na África e no Extremo Oriente. Às civilizações autóctones da América que sobreviveram ao genocídio e àquelas transplantadas da África através de um escravismo brutal, foram impostos novos modos de pensamento, de explicações, de propriedade e de produção. Chegamos ao final do século XIX, quase 400 anos depois da imposição de uma nova história, assim como do esquecimento forçado de tradições e percepções, e então nos perguntamos qual é, nessas novas terras, o significado do monumento que pretende ser uma outra tentativa de uma Babel tão poderosa que se imporia ao próprio Criador.

O PENSAMENTO, A PRODUÇÃO E A PROPRIEDADE

Quais são as relações entre o substrato ideológico – resultante do conhecimento científico – e a evolução política dos novos países do transatlântico, na mudança do século XIX para o século XX?

Essa análise é difícil, porque as relações eram cronologicamente muito vagas, variavam de país a país. A maioria deles tinha, naquele momento, apenas algumas décadas como estados independentes. Os níveis de desenvolvimento econômico, social e político, são muito diferentes. Tampouco há uma modalidade única para essa análise. Ao utilizarmos, nas considerações sobre a Europa, modos de explicação, de propriedade e de produção como categorias de análise, estaremos implicitamente aceitando que esses são os mediadores entre o desenvolvimento científico e o panorama político então dominante.

No caso da América Latina, isso não é menos verdade. Podemos enfocar o desenvolvimento político dos novos países a partir de marcos comuns como o descobrimento, a conquista, a colonização e a independência. A substituição de modos de explicação que haviam se desenvolvido ao longo de milênios, por modos de explicação trazidos pelos conquistadores e colonizadores, foi na verdade a introdução nos novos países de modos de pensamento que logo se tornariam obsoletos. De fato, os modos de pensamento, de explicação, de produção e de propriedade foram rapidamente superados e ultrapassados por outros países do mesmo complexo cultural, impérios vizinhos mas em outra linha de evolução cultural.

É impossível negar a especificidade da idade média e do renascimento ibérico. Tem reconhecimento sua primazia nas ciências e artes da navegação e da cartografia, das matemáticas e das ciências aplicadas. Reconhece-se o fato de Portugal e Espanha terem aberto o processo de globalização do planeta. Mas aos impérios rivais da Europa coube a transformação dos modos de explicação – conseqüentemente dos modos de produção e de propriedade – rumo ao que seria chamado de ciência moderna e mundo moderno. Do renascimento ibérico – marcado pela reconquista obstinada e pela aquisição de modelos medievais ultrapassados – partiram os heróis dos descobrimentos para uma conquista igualmente obstinada, impondo os mesmos modelos ultrapassados de explicação, de produção e de propriedade. Não foram capazes de utilizar o potencial dos descobrimentos para determinar um novo curso do pensamento.

A arrogância cultural e religiosa na imposição de um modo de pensar vitorioso, que havia reconquistado a Europa, não permitiu perceber o potencial que se abria com a nova forma de pensar resultante da globalização do planeta. Por decorrência, os modos de propriedade e de produção relacionados com os modos de explicação autóctones – que respondiam a um equilíbrio social conseguido após milênios de condicionamento às condições locais – foram substituídos pela produção destinada a satisfazer as necessidades da metrópole distante. E por modos de propriedade garantidores desse tipo de produção, assim como das hierarquias que sustentavam a estrutura de poder consolidada após a conquista. Terras e recursos naturais, que tradicionalmente se viam como bem comum, foram subordinados a requerimentos do sistema cultural, político e econômico das metrópoles distantes.

Famílias que recebiam favores reais e títulos de propriedade – lamentavelmente até hoje reclamados como legítimos – formaram a base das elites crioulas, a partir das quais se originaram os movimentos de independência, obviamente viciados e comprometidos por esses mesmos motivos. A independência na América espanhola se dá substituindo a aristocracia dirigente nomeada pelos reis de Espanha por uma oligarquia crioula. No caso do Brasil, substituindo um rei português por um imperador também português. Os estilos de governo e a manutenção da ordem religiosa, militar e intelectual que chegou com a conquista, impostos durante o regime colonial, foram as marcas indisputadas da independência. O "processo civilizatório" iniciado com a conquista não foi interrompido com a independência.

O que se parece mais com uma farsa, que seus promotores denominaram independência, se mantém até os dias de hoje. Com um retardo de século e meio, o modelo colonial imposto pelos impérios rivais da Europa, retardatários no processo de conquista com relação aos ibéricos, também cede lugar a movimentos de independência em outras regiões do globo. O resultado – farsa – não é fundamentalmente diferente, embora as estratégias tenham sido radicalmente inovadoras, manipulando sobretudo o conceito de soberania.

Os movimentos de independência

Em meio a inúmeros conflitos se estabeleceram as novas fronteiras de uma América Latina independente, influenciadas e favorecidas pelas conveniências das grandes potências européias.

Os Estados Unidos da América – politicamente uma Europa do ultramar –, que então procuravam estabelecer seus novos raios de ação e influência, em meio às incertezas do século XIX, associaram-se a essas potências.

Os movimentos independentistas estabeleceram-se propondo regimes populares que, ao mesmo tempo, mantivessem os privilégios dos herdeiros crioulos do autoritarismo monárquico. Uma boa referência é o trabalho de Severo Martínez Peláez, *La Patria del Criollo – Ensayo de Interpretación de la Realidad Colonial Guatemalteca* (Editorial Universitaria, Guatemala, 1971). Trata das formas de apropriação do trabalho indígena antes e após a independência. Uma exceção, no sentido de construir no Novo Mundo um estado "europeu" moderno, foram as treze colônias britânicas, origem dos Estados Unidos. Por outro lado, da mesma maneira que as demais colônias, o novo país ignorou as populações e culturas autóctones, bem como as inúmeras culturas africanas transportadas para o Novo Mundo. Também prosseguiu na destruição das mesmas. Na verdade, a melhor maneira de interpretar a independência norte-americana é considerá-la uma revolução política inglesa que se lutou no transatlântico, como propõe H. Aptheker. Outros movimentos de grande importância política na Europa – como o parlamentarismo inglês, que se estabelece em 1689 e a Revolução Francesa de 1789 – têm pouca repercussão nos movimentos de independência da América Latina, quanto ao estabelecimento de repúblicas democráticas e quanto ao reconhecimento dos direitos dos povos conquistados.

Na América Latina é fundamental notar o desenvolvimento de um modelo de apropriação de mão de obra que contraria a evolução da classe trabalhadora na Europa, origem dos movimentos sociais que se intensificam em meados do século XIX. As grandes correntes emigratórias que se dirigem ao Novo Mundo a partir de meados do século XIX evidenciam esse descompasso, dando origem a contestações sociais até então não conhecidas nesses países. Acrescente-se o fato de os dois grandes processos sóciopolíticos do século XIX – a Revolução Industrial e os movimentos socialistas – terem visto nas colônias um elemento essencial para sua implantação. Ambos rejeitaram qualquer revisão do estatuto colonial. Mesmo já independentes, os novos países da América Latina representavam, economicamente, o mesmo que as colônias, cujo estatuto fazia parte dos projetos implícitos nesses movimentos.

Os países independentes jogaram um papel de novas colônias, sem as exigências e tensões das colônias efetivas. As novas nações, ao se afastarem das antigas metrópoles ibéricas, rompendo com a realeza proprietária e com a aristocracia beneficiária dos favores da coroa, abriram suas portas à burguesia, que lançava as bases de um capitalismo multinacional. Iniciava-se assim, a partir da América Latina, um neocolonialismo que mais de um século depois se manifestaria na África e no Oriente, para chegar ao seu apogeu neste final de milênio, quinhentos anos depois da primeira aventura colonial.

Os movimentos operários e socialistas que surgem na Europa – e no seu prolongamento transatlântico, os Estados Unidos –, como reação ao capitalismo burguês, não se preocupam com essa nova realidade. As classes escravizadas ou marginalizadas constituíram no século XIX uma apreciável força produtiva nos novos países, mas sem qualquer participação na vida política e social. Por conseguinte, o potencial político-cultural dessas classes manifesta-se através de folclores mais ou menos aceitos pelas classes dominantes e de movimentos facilmente controláveis. A libertação dos escravos negros nos Estados Unidos ocorre por conveniência da nova burguesia industrial, ao mesmo tempo que se mantinha um estado de guerra, até o século XX, com as nações indígenas autóctones.

No Brasil, a tardia abolição da escravatura, em 1888, se estabelece como uma etapa para a modernização da agricultura e da industrialização incipiente. Em conseqüência da sua marginalização educacional, assim como do seu distanciamento dos centros de poder e de controle da produção e da propriedade, desenvolve-se entre as novas classes dirigentes modos de explicação e manifestações – religião, arte e ciência – associados às raízes culturais dessas populações, detentoras do poder mas intelectualmente marginalizadas. Incorporam-se, nesses modos e manifestações populares, uma mescla de suas origens crioulas com a presença intensa das raízes autóctones e africanas. Esse intenso potencial de miscigenação manifesta-se culturalmente, mas não politicamente.

Uma exceção tardia, porém notável, ocorre com a Revolução Mexicana, talvez a primeira revolução autêntica do Terceiro Mundo. Tem fortes bases culturais provindas das populações autóctones oprimidas, propondo assim modos de propriedade e de poder alternativos. Mas pouco se obteve com relação aos modos de produção e aos modos de explicação.

A CIÊNCIA NA TRANSIÇÃO DO SÉCULO

Voltemos aos anos de transição do século XIX ao século XX. É então que a ciência moderna se estabelece com padrões de rigor matemático, apoiando-se em conceitos não contestáveis de verdade e de integridade. Desenvolvem-se a partir das primeiras décadas do século XIX, culminando com a consolidação da matemática como o modo de pensamento por excelência do saber científico.

O cálculo diferencial e integral encontra na análise matemática sua fundamentação rigorosa e sua amplitude total. Abre as portas para novas teorias e novos significados para a álgebra, a geometria e a mecânica. As probabilidades e a estatística aparecem como novos ramos de importância para as ciências biológicas e sociais. O próprio conceito de rigor encontra na lógica o instrumental necessário para seu manejo. Uma tecnologia sofisticada, baseada nos avanços científicos, exerce fascínio popular nos campos da agricultura, da medicina e sobretudo das comunicações. A telefonia, o rádio e a fotografia – posteriormente a televisão – dominam a imaginação popular. A instrumentação tecnológica impulsiona o desenvolvimento científico através das novas possibilidades experimentais que ela proporciona.

A ciência e a tecnologia associam-se na busca de novas explicações. Inevitavelmente, conflitos resultam dessa busca e das contradições sociais e políticas que daí derivam. Os novos modos de propriedade e de produção criam necessidade de novos modos de consumo. As explicações resultantes da ciência e da tecnologia dela derivada questionam esses mesmos modos de propriedade e de produção. Quase paradoxalmente, questionam também os próprios modos de explicação. Fecha-se assim um círculo de implicações. Figuras como Charles Darwin, Karl Marx e Sigmund Freud, contestam essas explicações, prenunciando a necessidade de uma nova ciência, que começará a germinar na primeira metade do século XX.

Desde o início do século XIX nota-se a atração, exercida sobre os intelectuais, pelas tentativas de universalizar as novas ciências, aplicando-as ao domínio das atividades intelectuais, materiais e sociais. Auguste Comte, ao propor três etapas para as explicações – a teológica, a metafísica e a positiva –, é possivelmente o mais importante representante dessa atração. Sua teoria – o positivismo ou ciência positiva – conduz a uma visão equívoca das ciências e de seu potencial para explicações absolutas, sobretudo no domínio social. Ao recorrer a um dogmatismo cada vez mais fechado e intransigente, converte-se numa verdadeira religião.

Nessa forma atraente de propor um acesso rápido a explicações, ao mesmo tempo oferecendo uma verdadeira barreira de proteção contra modelos de explicação que incorporam diferentes bases culturais, as idéias de Auguste Comte mostraram-se atrativas para a nova intelectualidade dos novos países latino-americanos. Essa intelectualidade precisa justificar sua ascensão ao poder. Obviamente que modelos diferenciados de explicação poderiam conduzir a contestações da ordem político-socio-econômica estabelecida pelas "criouladas" independentistas no continente. Enquanto na França uma nova elite emanada das *grandes écoles* está preparada para substituir as elites aristocráticas nos quadros dirigentes do novo regime, as elites crioulas necessitam rápida legitimação de quadros, como também legitimação dos próprios dirigentes. A efemeridade da proposta de Auguste Comte se nota na própria França, esvaziada antecipadamente pela criação das *grandes écoles*. Mas encontra uma recepção oposta na América Latina. Particularmente no Brasil, essa recepção é muito importante. Destaco, como referência documental, as *Atas do Congresso Anual da Sociedade Espanhola de História da Ciência e da Tecnologia*, realizado em Murcia, em 1989.

Por uma nova história das ciências e da matemática

Nós, seres humanos, somos livres na nossa vontade. Também somos animais que trazem nos genes, como qualquer outra espécie viva, a força para sobreviver, continuar a espécie e perpetuar a vida. Mas temos uma dimensão extra, que nenhuma outra espécie revela, que é aplicar a nossa vontade para transcender a própria existência. A criatividade é inerente a todo ser humano. É ativada em duas direções: à **sobrevivência**, como toda espécie viva, e à **transcendência**, característica da espécie *Homo sapiens sapiens*. Assim, nossa criatividade se manifesta pela ação a partir da realidade, modificando-a continuamente, sempre com a finalidade maior de sobreviver e transcender.

A realidade está em permanente transformação através da nossa ação criativa. Nossa ação fundamental é tentar aproximar a realidade atual – que a cada instante nos é apresentada com um fato – de uma realidade que é parte de nossa utopia. Isto mediante novas interpretações e ações sobre essa mesma realidade, introduzindo novos fatos, produto de nossa ação individual ou de uma ação comum, lograda através da comunicação entre indivíduos. A língua portuguesa facilita essa interpretação, já que a própria palavra "comunicação" sugere essa idéia de "ação comum". Um "ic" perdido e um "n" no lugar de "m" não nos intimida para fantasias etimológicas!

O homem é a única espécie que tem uma noção de tempo, portanto de passado (história) e de futuro. Para satisfazer a necessidade de transcender, desenvolveu a capacidade de explicar, de entender e de criar. A essa capacidade eu chamo de *matema* (outra aventura etimológica jogando com o *matemata* grego). Para abordar um problema global, como é o caso do conhecimento, é necessária uma percepção multidimensional do que é o objeto de nossa explicação.

Dentro deste espírito, desenvolvi um programa chamado Etnomatemática. Como já foi discutido anteriormente, não deve, apesar do nome, ser confundido com uma matemática étnica, no sentido racial ou cultural. Naturalmente, os dados importantes que servem de base para o programa vêm do crescente conhecimento de várias matemáticas étnicas. São fundamentais os trabalhos com sociedades não letradas, com indígenas, com grupos urbanos periféricos. Mas o *matema*, como apontei há pouco, vai muito além, significando o potencial do ser humano – em todas as culturas, ao longo de sua presença no planeta – para satisfazer sua ansiedade de transcender, de ser capaz de explicar, entender e criar. Para isso, grupos humanos desenvolvem, ao longo da história de sua evolução cultural e de acordo com suas características culturais (*etno*), distintas técnicas (*ticas*, do grego *techné*, que é também raiz de arte). Dentre as inúmeras técnicas criadas, a matemática é apenas uma delas, desenvolvida a partir das culturas ao redor do Mediterrâneo. Há nisso apenas uma coincidência de nome, resultado de recorrermos a raízes gregas para denominar as diversas disciplinas científicas.

A **etno-matema-tica** é um programa de pesquisa (um "programme" no sentido de Lakatos) em cultura, cognição, epistemologia, história e política. Em política incluo a ação social, compreendendo educação, saúde, economia, sociologia e política propriamente dita. Portanto, o programa cobre, holisticamente, toda uma teoria das idéias e uma crítica das práticas. Seu principal objetivo é entender a geração, transmissão, institucionalização e difusão do conhecimento. Recomendo, para maiores detalhes, meu livro *Etnomatemática – Arte ou Técnica de Explicar e Entender* (Ática, São Paulo, 1990).

Esse enfoque surgiu de minha crítica sobre os estudos atuais de história e filosofia da matemática. Procurei entender as origens do pensamento matemático em várias culturas, nas vencedoras e nas vencidas. Um enfoque antropológico da história foi-me bastante útil. Procurei entender a dinâmica cultural. Marx, Freud, Niels Bohr, Gregory Bateson, entre muitos outros, forneceram-me as bases metodológicas para essa análise. A partir daí envolvi-me muito com a história das ciências e, paralelamente, com a história das artes e das religiões. Para ver o que se passava com tudo isso nas culturas chamadas periféricas, tornou-se necessário um mergulho maior na antropologia. Não foi difícil, então, perceber que os primeiros passos da matemática foram o resultado do ato de se manejar a realidade para sobreviver e para transcender, explicando, entendendo e criando. Essa ação estava combinada com um projeto político expansionista, sintetizado no projeto imperial da Roma cristianizada. Era inevitável entrar numa concepção muito ampla de história, próxima ao que William McNeill chama "World History", enriquecida por metodologias de natureza antropológica. Destaco, neste aspecto, aquela história da qual George Rudé foi pioneiro e que Eric Hobsbawn chama "a história vinda de baixo".

O fato é que todas as culturas têm desenvolvido artes ou técnicas de manejar a realidade, para sobreviver e para transcender, explicando, entendendo e criando. Tudo isso subordinado a um projeto político, definido pela estrutura de poder, destinado à sua manutenção. Um abuso etimológico – defensável com o quanto sabemos de grego antigo – permitiu-me chamar de *matema* essa força para explicar, entender, criar e manejar a realidade. Também é fácil identificar *tica* com "arte e técnica", e *etno* com "em distintos sistemas culturais".

Reconheço que a Etnomatemática é um programa ambicioso. Dada sua amplitude, classifico-a como um programa de pesquisa. Esta denominação é coerente com o fato de a matemática ser a ciência por excelência do mundo moderno. Todo o desenvolvimento científico e tecnológico moderno é ancorado num grande desenvolvimento da matemática e de seus métodos.

Assim, não creio que choque o leitor enquadrar uma história e filosofia das idéias nesse conceito amplo de Etnomatemática. Claro que o desenvolvimento desse programa permite uma outra visão e filosofia da matemática, o que acarreta, como subproduto, uma proposta pedagógica conseqüente, holística e crítica. É isto o que constitui o **Programa Etnomatemática**.

Lições da Educação Indígena

Em um artigo de Jason W. Clay, publicado no livro *State of the Peoples* (Beacon Press, 1993, editado por Marc S. Miller), o autor destaca com abundante documentação as violações dos direitos dos povos indígenas. Clay e seus colegas dizem que há no momento mais de 200 estados e aproximadamente 6.000 nações indígenas no mundo, com uma população totalizando entre 10% e 15% dos habitantes do planeta. Propõem uma série de questões que servem de base para uma política adequada com relação às nações indígenas.

Dentre os vários questionamentos que levam à preservação de identidades nacionais, muitos se referem ao conceito de conhecimento e às práticas associadas. O mais importante é a percepção de uma dicotomia entre o saber e o fazer – que prevalece no mundo chamado "civilizado" – própria dos paradigmas da ciência moderna, como criada por Descartes,

Newton e outros. Surgindo praticamente ao mesmo tempo que as grandes navegações, a conquista e a colonização, a ciência moderna se impôs como uma forma de conhecimento racional, originado das culturas mediterrâneas e substrato da fascinante tecnologia moderna. Definiu-se, a partir das nações centrais, uma conceituação de saber (conhecimento) e de fazer (habilidades), dicotômicas e estruturadas.

Como essa postura afeta a educação indígena? Que outros caminhos a Etnomatemática pode oferecer nessa questão?

O tema cresce em evidência. A importante revista *For the Learning of Mathematics* dedica uma edição inteira (vol. 14, nº 2, junho de 1994) à Etnomatemática, cujo grande objetivo é o estudo de outras formas de conhecimento. Igualmente, a Sociedade Brasileira de Educação Matemática – SBEM – resolveu dedicar o primeiro número (ano I, nº 1, 2º semestre de 1994) de sua nova publicação, *A Educação Matemática em Revista*, ao tema Etnomatemática. E o Plano Decenal de Educação para Todos, 1993-2003, do Ministério da Educação, inspira-se na *Declaração de Nova Délhi* (16 de dezembro de 1993), da qual o Brasil é signatário.

A *Declaração* é muito explícita ao reconhecer que "a educação é o instrumento preeminente da promoção dos valores humanos universais, da qualidade dos recursos humanos e do respeito pela diversidade cultural" (2.2). Reconhece também que "os conteúdos e métodos de educação precisam ser desenvolvidos para servir às necessidades básicas de aprendizagem dos indivíduos e das sociedades, proporcionando-lhes o poder de enfrentar seus problemas mais urgentes – combate à pobreza, aumento da produtividade, melhora das condições de vida e proteção ao meio ambiente – e permitindo que assumam seu papel por direito na construção de sociedades democráticas e no enriquecimento de sua herança cultural" (2.4).

Nada poderia ser mais claro quanto ao reconhecimento da subordinação dos conteúdos programáticos à diversidade cultural que impera num país como o Brasil. O mesmo pode ser dito quanto ao reconhecimento de uma variedade de estilos de aprendizagem, implícitas no apelo ao desenvolvimento de novas metodologias. Essencialmente, essas considerações determinam uma enorme flexibilidade tanto na seleção de conteúdos quanto na metodologia.

Como o Programa Etnomatemática explica as distintas formas de conhecer? Diferentemente do que sugere o nome, Etnomatemática não é o estudo apenas de "matemáticas das diversas etnias". Mais do que isso, é o estudo das várias maneiras, técnicas, habilidades (*technés* ou *ticas*) de explicar, entender, lidar e conviver (*matema*) nos distintos contextos naturais e sócioeconômicos, espacial e temporalmente diferenciados, da realidade (*etno*). A disciplina identificada como matemática é na verdade uma etnomatemática. Originou-se e chegou à forma atual na Europa. Recebeu, porém, contribuições das civilizações hindu e islâmica, sendo imposta a todo o mundo a partir do período colonial. Hoje adquire um caráter de universalidade sobretudo devido ao predomínio da ciência e tecnologia modernas, desenvolvidas a partir do século XVII na Europa.

Assim como o cristianismo é um produto do Império Romano levado a um caráter de universalidade após o colonialismo, também o são a matemática, a ciência e a tecnologia. Como religião, o cristianismo vem sendo modificado, absorvendo elementos das culturas subordinadas, produzindo daí variantes notáveis em relação ao cristianismo original do colonizador. Esperar-se-ia que igualmente as formas de explicar, conhecer, lidar, conviver com a realidade sóciocultural e natural – distintas de região para região –, que são as razões de ser da matemática, das ciências e da tecnologia, também passassem por esse processo de "aclimatação", resultante da dinâmica cultural. No entanto, isso não se deu e não se dá.

Esses ramos do conhecimento adquiriram um caráter de absoluto universal. Não admitem variações ou qualquer tipo de relativismo. Isso se incorporou até no dito popular "tão certo quanto dois mais dois são quatro". Portanto, o que desejo discutir não é o fato, mas sim sua contextualização, na forma de uma construção simbólica que é ancorada em todo um passado cultural.

A matemática tem sido conceituada como a ciência dos números e das formas, das inferências, das relações e das medidas. Suas características apontam para a precisão, para o rigor, para a exatidão. Os grandes heróis da matemática, responsáveis pelo avanço e consolidação dessa ciência, são identificados tanto na antigüidade grega quanto posteriormente, na Idade Moderna, nos países centrais da Europa. Sobretudo na Inglaterra, França, Itália e Alemanha. Os nomes mais lembrados são Tales, Pitágoras, Euclides, Descartes, Galileo, Newton, Leibniz, Hilbert, Einstein, Hawkings. São idéias e homens originários da Europa, ao norte do Mediterrâneo.

Falar dessa matemática para os indígenas, portanto, carrega uma mensagem que vem de fora. Para aqueles mais sensibilizados com a história de seu povo, falar de matemática é falar do conquistador. É falar de algo que foi construído pelo dominador, que se serve desse instrumento para exercer domínio. Devemos encarar a matemática como uma calça "jeans", que os indígenas começam a preferir às suas vestes tradicionais? Ou como uma"coca-cola", que acabará deslocando o guaraná? Ou como um deus que se mostra como sendo mais sábio, mais milagroso, mais poderoso que suas divindades tradicionais?

Na verdade, estamos procurando misturar água e óleo: matemática e índio. Claro que essa mistura se logra. Nos esquemas da educação oficial conseguimos com muito esforço e muita química – isto em termos pedagógicos quer dizer muita metodologia – fazer a mistura. Mas nem o óleo nem a água manterão suas propriedades e sua pureza. No caso, a matemática assim misturada será inútil, enquanto o indígena estará tolhido em sua criatividade. Tudo será feito para satisfazer o cumprimento de um programa. Para atender requisitos mínimos, de modo que o índio obtenha alguns créditos na acumulação de credenciais para sair da sua condição natural de *incapaz*, atingindo a cessação do regime tutelar a que, conseqüentemente, está sujeito (Art. 6° do Código Civil).

Se não pudesse ser identificada como parte de um processo perverso de aculturação, através do qual se elimina a criatividade essencial ao ser (*verbo*) humano, eu diria que essa escolarização é uma farsa. Mas na farsa, uma vez terminado o espetáculo, tudo volta ao real. Enquanto nessa educação, o real é substituído pela situação transformada para satisfazer os objetivos do dominador. Nada volta ao real, ao terminar a experiência educacional do índio. Ele não é mais índio... e tampouco branco.

Uma pergunta natural depois dessas observações: será então melhor que não se ensine matemática aos indígenas? Essa pergunta se aplica a todas as categorias de saber/fazer próprias da cultura do dominador, com relação a todos os povos que mostram uma identidade cultural. Poder-se-ia indagar: é conveniente impedir que os índios vistam "jeans" ou tomem "coca-cola"? Naturalmente são questões falsas. Falso e demagógico seria responder com um simples sim ou um não. Essas questões só podem ser formuladas e respondidas dentro de um contexto histórico, procurando entender a e(in?)volução irreversível da história da humanidade. A contextualização é essencial para qualquer programa de educação de populações indígenas, em particular para os índios do Brasil.

Contextualizar a matemática é essencial, seja para índios ou não. Afinal, como deixar de relacionar os *Elementos* de Euclides com o panorama cultural da Grécia antiga? Ou a aquisição da numeração indo-arábica com o florescimento do mercantilismo europeu nos séculos XIV e XV? Tampouco se pode entender Newton descontextualizado.

Sem dúvida será possível papagaiar alguns teoremas, decorar tabuadas, mecanizar a efetuação de operações. Será possível efetuar algumas derivadas e integrais que nada têm a ver com nada na floresta, nos campos ou nas cidades. Lamentavelmente continuamos a insistir nesse aprendizado descontextualizado, nesse constructo do pensamento mediterrâneo absolutamente fora de contexto.

No caso do indígena, o que é mais grave é que essa "matemática do branco" se apresenta com uma roupagem de superioridade, com o poder de eliminar a "matemática do índio". O mesmo se dá com outras formas culturais, como o comportamento, a medicina, a arte, a religião. Em particular essas duas últimas são reduzidas a "folclore". Não é incomum levar aspectos do culto religioso indígena a espetáculos circenses. Isto tem como efeito eliminar o próprio índio como entidade cultural.

Na geometria e na aritmética, violentas contradições se apresentam. Por exemplo, a geometria do índio é colorida, enquanto a geometria grega eliminou a cor. A aritmética índia é qualitativa, enquanto a aritmética do branco é pura codificação quantitativa.

Não se pode definir critérios de superioridade entre manifestações culturais. Devidamente contextualizada, nenhuma forma pode-se dizer superior a outra. Isto é bem ilustrado no excelente livro de Mariana Kawall Leal Ferreira, *Com Quantos Paus se Faz Uma Canoa – A Matemática na Vida Cotidiana e na Experiência Escolar Indígena* (MEC/Assessoria de Educação Escolar Indígena, Brasília, 1994). Por exemplo, vê-se aí como o sistema binário dos xavantes foi substituído, como num passe de mágica, por um sistema "mais eficiente", de base 10. Mais eficiente por quê? Como se relaciona com o contexto xavante? Não é diferente o que se passa com a língua nativa. Mas, sem qualquer dúvida, há um critério de eficiência que se aplica nas relações interculturais. Sem aprender a "aritmética do branco", o índio será enganado nas transações comerciais com o branco. Veja o dramático caso na novela *Voyage au Bout de la Nuit*, de Céline. E sem dominar a língua do branco, o índio dificilmente terá acesso à sociedade dominante.

Isso se passa, naturalmente, com todas as culturas. Eu mesmo devo dominar inglês para participar do mundo acadêmico internacional. Mas jamais alguém disse que o inglês é uma língua superior, mais importante que o português no contexto brasileiro. Jamais alguém insinuou que seria indiferente se eu esquecesse o português; quem sabe mesmo ter acanhamento e até vergonha de falar essa língua primitiva!

Mas se faz isso com povos – em especial com os indígenas –, seja na linguagem seja nos sistemas de conhecimento em geral, particularmente na matemática. Sua língua é rotulada de inútil. Sua religião se torna "crendice". Sua arte e seus rituais são "folclore". Sua ciência e medicina são "superstições". E sua matemática é "imprecisa", "ineficiente", quando não "inexistente".

Não se põe em questão a conveniência, nem mesmo a necessidade de se ensinar ao indígena a língua, a matemática, a medicina, as leis do branco. Chegamos a uma estrutura de sociedade com conceitos perversos de cultura, de nação e de soberania que impõem essa necessidade. Mas se deve proteger a dignidade e a criatividade daqueles subordinados a essa estrutura, minimizando os danos irreversíveis que se pode causar a uma cultura, a um povo e ao indivíduo, se o processo for conduzido com leviandade, muitas vezes até com boa intenção. As conseqüências da ingenuidade e da perversidade podem não ser essencialmente diferentes.

Os conflitos conceituais que resultam da introdução da "matemática do branco" na educação indígena – que se manifestam sobretudo na formulação e resolução de problemas aritméticos simples – são muito bem ilustrados no contexto cultural dos xavantes, dos suyás, dos kayabis e dos jurunas, no trabalho já citado de Mariana Kawall Leal Ferreira. Exemplos variados, como o transporte em barcos e o manejo de contas bancárias, mostram que os indígenas dominam o que é essencial para suas práticas e para as elaboradas argumentações com o branco sobre aquilo que os interessa, normalmente focalizado em transporte, comércio e uso da terra. Assim, a matemática se contextualiza como mais um recurso para solucionar problemas novos que, tendo se originado em outra cultura, chegam exigindo os instrumentos intelectuais dessa nova cultura. A etnomatemática do indígena serve, é eficiente e adequada para coisas muito importantes. Não há por quê substituí-la. A etnomatemática do branco serve para outras coisas, igualmente muito importantes. Não há como ignorá-la. Pretender que uma seja melhor que a outra é uma questão falsa e falsificadora, se removida do contexto. O domínio de duas etnomatemáticas, e possivelmente de outras, oferece maiores possibilidades de explicações, de entendimentos, de manejo de situações novas, de resolução de problemas. É exatamente assim que se faz pesquisa matemática ou em qualquer outro campo de conhecimento. O acesso a um maior número de instrumentos e técnicas intelectuais dão, quando contextualizadas de forma correta, muito maior capacidade de enfrentar situações e de resolver problemas novos, de modelar adequadamente uma situação real para, com esses instrumentos, chegar a uma possível solução ou curso de ação.

Isto é aprendizagem por excelência. A capacidade de explicar, apreender e compreender, de enfrentar criticamente situações novas. Não o mero domínio de técnicas ou a memorização de algumas explicações e teorias. A educação formal, de indígenas e de brancos igualmente, é baseada na mera transmissão (ensino teórico) de explicações e teorias, assim como no adestramento (ensino prático) de técnicas e habilidades. Ambos são totalmente equivocados do ponto de vista dos avanços mais recentes de nosso entendimento do que é cognição. Como muito bem diz a autora, não há como avaliar as habilidades cognitivas fora do contexto cultural. Mas obviamente a capacidade cognitiva é própria de cada indivíduo. Há estilos cognitivos próprios de uma cultura, e assim diferenças interculturais vêm sendo aceitas.

Ocorre, contudo, uma certa relutância na aceitação de diferenças intraculturais. Talvez o pensamento diretor deste trabalho esteja sintetizado na observação da autora ao dizer que, enquanto os diferentes princípios organizatórios são compatibilizados para dar inteligibilidade ao sistema social do qual fazem parte, isso não é aculturação, já que não se elimina nem a autenticidade nem a individualidade desses princípios. De fato, ignorar as variações individuais e intraculturais conduz a interpretar as capacidades – bem como a própria ação cognitiva – como estáveis, lineares e contínuas, obedecendo a certos princípios de estrutura supostamente inerentes à espécie como um todo.

É desnecessário destacar as limitações e a fragilidade do estruturalismo quando se procura entender a construção intelectual, individual e social do conhecimento como um todo integrado, resultante de uma história social e individual em permanente modificação graças a forças de exposição mútua. A adoção desse estruturalismo tem sido comum entre antropólogos, psicólogos e pedagogos, levando a inúmeras propostas educacionais equivocadas. Esses equívocos são mais facilmente identificados no contexto da educação indígena. A prática pedagógica resultante da etnomatemática, da etnociência e das outras etnodisciplinas – não conseguimos ainda superar a contradição implícita nessa denominação – nos dá uma oportunidade única de identificá-los.

Mariana Kawall Leal Ferreira faz uma breve análise das teorizações mais recentes que servem de base para as situações formais de ensino, que fundamentam teorias de ensino e aprendizagem. As discussões precedentes abrem caminho para uma descrição teórica e prática de etnomatemática, que poderia ser considerada uma nova área das etnociências. Mas minha conceituação de etnomatemática é mais abrangente. Como já disse repetidas vezes, uma etimologia generosa permite reconhecer nessa palavra "a arte ou técnica (*tica*) de explicar, conhecer, entender, lidar com a realidade (*matema*) em distintos ambientes naturais e culturais (*etno*)". Após examinar a apresentação de posições internacionalmente reconhecidas na etnomatemática, é evidente sua repercussão nas escolas, em particular na educação indígena.

A conclusão leva a uma reflexão sobre o fracasso escolar da matemática. Em primeiro lugar, considere-se o choque inicial da própria escola. Em particular, sua organização no estilo estratocrático europeu, aceitável para alunos da cidade, mas totalmente agressiva para indígenas. Esse estilo se manifesta na sala de aula, com carteiras cartesianamente dispostas, professores na frente – às vezes em posição elevada –, quadro-negro como foco único de curiosidade e atenção intelectual, material de ensino – livros e cadernos – padronizado, listas de chamada organizadas por critérios rígidos, testes, tarefas, elogios e críticas públicas, notas com prêmios – estrela dourada – ou punições. E outras características mais. O resultado é praticamente o mesmo, guardadas as especificidades: o aluno é massacrado no seu comportamento, agredido na sua inteligência, tolhido na sua criatividade.

Ao destacar aspectos importantes da "educação do índio", percebemos a problemática geral da "educação do branco".

Cognição, Informática e a Educação do Futuro

Um dos temas mais fascinantes na história das idéias é o estudo das formas cognitivas do homem. É especialmente atraente o estudo de sua evolução, em compasso com a própria evolução da espécie e com as diferentes maneiras como essas formas cognitivas se manifestam em diversas culturas. Todas as grandes civilizações mostram uma grande preocupação com o fenômeno da cognição. Na antigüidade mediterrânea o tema foi central. Foi mesmo dominante no mundo grego e entre os romanos. Hoje é um dos temas mais pesquisados, servindo de ponte entre varias áreas disciplinares, como a psicologia, a antropologia, a epistemologia e a educação.

Serve também de aproximação entre as ciências e as humanidades – uma distinção equivocada, a meu ver –, onde se inclui a arte e a religião.

Desde os tempos de Descartes, quando se pode traçar as origens dos paradigmas da ciência moderna, definiu-se como central o problema que muitos chamam de "corpo e mente". É uma nomenclatura até certo ponto infeliz, que convida a uma dicotomia artificial, de conseqüências desastrosas para a humanidade. O movimento atual, identificado com a busca de novos paradigmas, coincide com os grandes progressos da física e da biologia a partir do início do século XX, e torna urgente o problema da reaproximação das ciências e das humanidades.

Novas áreas de conhecimento, resultantes do avanço da ciência, tais como a mecânica quântica, a biologia molecular e a eletrônica, abriram portas para ciências inteiramente novas. Entre essas, destacam-se a microeletrônica, a informática, as telecomunicações, a cibernética e a biotecnologia, que escaparam à imaginação dos cientistas dos séculos anteriores. As possibilidades geradas por essas novas ciências, conduzindo ao que eufemisticamente passou-se a chamar "inteligência artificial", terão profundas influências no mundo moderno. Sem dúvida marcarão o início de uma nova fase na história da humanidade.

Falar sobre o século XXI, porém, exige considerações sobre marcos cronológicos importantes na história da humanidade. A partir das primeiras manifestações de hominídeos, há cerca de cinco milhões de anos, nas planícies centrais da África, a espécie espalhou-se pelo globo, ocupando todos os continentes. Durante milhões de anos transitou pelo planeta, adaptando-se, modificando-se, evoluindo até chegar à espécie inteligente que chamamos *Homo sapiens sapiens*. Assistiu à extinção de inúmeras outras espécies vivas. Muitas vezes foi o agente dessa extinção. Sobreviveu a grandes alterações do planeta. Até partiu em busca de novos planetas.

Paradoxalmente, essa mesma espécie criou os meios de autodestruição, assim como os de destruição de todas as formas de vida. Não sabe como livrar-se dessa criação. Tem dificuldades em controlar sua força destruidora. Encontra-se agora numa encruzilhada, entre caminhos que poderão conduzir à felicidade total e ampla para todos, ou à destruição total. Como escolher entre essas alternativas extremas é hoje o problema central de toda a humanidade.

O QUE O PASSADO MAIS RECENTE NOS MOSTRA SOBRE A INFORMAÇÃO NA HISTÓRIA DAS CIVILIZAÇÕES?

Um marco histórico de total importância no mundo de hoje foi a cristianização do Império Romano, iniciada por Constantino no ano 325. O grande passo, essencial para consolidar a cristianização, foi a construção de uma nova filosofia – ao mesmo tempo uma teologia e uma prática de vida – a partir de elementos frágeis – como a própria existência de Cristo e a doutrina pouco sofisticada associada a ele – e contraditórios, tais como as tentativas de conciliação da nova doutrina com a filosofia social romana e com o paganismo dominante nas regiões cuja conquista se fazia necessária para a sobrevivência do Império. Reunir, numa filosofia associada a uma prática, os componentes populares do cristianismo primitivo, a filosofia social e política romana e as tradições dos povos bárbaros, foi a maior proeza intelectual do Ocidente.

Consolidar todos esses sistemas numa doutrina foi a grandiosa tarefa intelectual da Idade Média. No curso do desempenho dessa tarefa, que teve na passagem do primeiro para o segundo milênio um dos seus maiores momentos, fundaram-se os alicerces sobre os quais seria construído o Mundo Moderno, tendo na ciência – reincorporada da antigüidade grega ao pensamento cristão já consolidado – seu alicerce. Nesse processo criaram-se estilos de comunicação social muito sofisticados, como as elaborações da retórica grega e sobretudo romana. Falar bem, com exatidão, tendo a capacidade de argumentar, é a essência da cidadania romana. Naturalmente, isso se traduz num sistema educacional que tem no *trivium* – retórica, gramática e dialética – seu currículo mínimo. Para a expansão do cristianismo, o sermão, que é uma forma de retórica, tornou-se essencial. De fato, o Verbo Divino é o elemento essencial da nova religião e assim nasce a "era da palavra". A informação resulta da palavra.

Qual é, nesse contexto, o papel da informação nos processos cognitivos? Qual a origem do conhecimento? O que é conhecimento?

Como todo ser vivo, o homem está sujeito a uma força vital que determina sua sobrevivência, enquanto indivíduo e espécie. Assim, toma medidas para a manutenção da vida, bem como para a continuidade da espécie, através da procriação. Diferentemente das demais espécies, porém, essa força vital que determina a sobrevivência vai além do instintivo. É intermediada por decisões inteligentes, buscando a transcendência de sua própria existência. Alimenta-se para sobreviver, mas se alimenta com ritual. Mantém relações sexuais para procriar, mas o faz com amor e emoção.

O que caracteriza a vida é ação. Na nossa espécie, a ação é subordinada às forças de sobrevivência e de transcendência. É deflagrada a partir de informações fornecidas pela realidade, que, uma vez processadas, definem estratégias para a ação. Toda ação no ser humano é inteligente, amparada por uma estratégia. Tem um objetivo, obedece a uma vontade. O auge do ser humano é estar no controle de todas as suas ações. A evolução da vida de cada indivíduo é um crescimento em direção a esse controle.

Essas estratégias resultam do processamento de informações fornecidas, continuada e incessantemente, pela realidade. A realidade é entendida aqui como um conglomerado de fatos naturais, patrimônio do cosmos, resultado de bilhões de anos de sua história, de bilhões de anos de consolidação geológica do planeta Terra e do fenômeno vida. É também o resultado de milhões de anos durante os quais surgem e desaparecem espécies, e de milhares de anos de fatos históricos, alguns mais recentes e outros ocorrendo no instante mesmo do nosso agora.

A essa realidade de fatos naturais associam-se outros, que resultam da distinção da *espécie Homo sapiens sapiens* dentre as demais espécies vivas. Distinguimos esses fatos como "artefatos" – manifestações concretas da criatividade humana, transmissíveis de indivíduo para indivíduo através de contato direto ou remoto – e "mentefatos" – manifestações da intelectualidade humana, cuja transmissão ocorre através da memória e cuja socialização depende do fenômeno "comunicação". A realidade, no seu sentido mais amplo, informa indivíduos de maneira continuada e incessante. A informação é capturada, diferentemente de indivíduo para indivíduo, através dos sentidos. Entre esses incluímos a memória e outros possíveis mecanismos ainda não identificados, como a intuição e a percepção transensorial. A informação é absolutamente individual e processada de maneira também individual. Dá origem a estratégias de ação que diferem de indivíduo para indivíduo. O fenômeno da comunicação permite compartilhar informações, coordenar seu processamento e definir estratégias para a ação comum. Este é o início da vida em sociedade.

Insisto em afirmar que os fatos de uma mesma realidade informam os indivíduos de maneira diferente. Podem receber, de uma mesma situação, num mesmo instante, informações absolutamente distintas. Por conseguinte, podem processá-las de maneira distinta, definindo, obviamente, estratégias distintas de ação. Em essência, cada indivíduo age de modo diferente numa mesma situação. A vida em sociedade consiste fundamentalmente em criar mecanismos para que essas ações possam ser compatibilizadas, gerando uma ação comum. Esse mecanismo é o que chamamos de comunicação.

A vida social é a capacidade de realização de ações comuns, através de comunicação no sentido amplo, sem eliminar nos indivíduos sua capacidade de ações individuais próprias, que é a essência da vontade e do livre-arbítrio. A opção pela ação comum não implica o desconhecimento da possibilidade de outra ação. A vida em sociedade não implica a renuncia à individualidade, mas exige a opção, entre distintas formas de ações, por aquelas que respondem a interesses comuns. A escolha é orientada pela **ética**. Em contraposição, a imposição de uma forma de ação sobre as demais é o ponto de partida para as estruturas de poder.

Através de comunicação, é possível obter um comportamento ético dos indivíduos, na execução da ação comum. A estratégia que as sociedades criaram para facilitá-la é o que chamamos de **educação**. Assim, os componentes essenciais na educação são a comunicação e a ética. A educação tem como objetivo maior a elaboração de mecanismos de comunicação que possibilitem a ação comum, subordinada a uma ética aceita por todos os atores.

Da informação oral à escrita

Com o advento da imprensa, à importância da palavra acrescenta-se, como fonte de informação por excelência, a escrita. Entramos na era da escrita, abrindo espaço para novas interpretações baseadas não apenas na retórica e na dialética, mas na reflexão e no pensar, que se torna sinônimo do existir. A informação é enriquecida e difundida. Surge mais espaço para as interpretações. Talvez o indicador mais importante da relevância desse novo espaço seja o movimento da Reforma.

O episódio da globalização do mundo, através do grande sucesso das navegações, veio trazer uma nova dimensão à informação fornecida aos indivíduos para deflagrar seu processo cognitivo. O mundo reconhecido pelos europeus expandiu-se revelando novas terras, novos povos, novas civilizações, novas realidades. Portanto, dando origem a novas formas de ação. Inicia-se o processo de conquista do mundo então descoberto pelos europeus. Imediatamente define-se uma nova estratégia econômica que viria a ser conhecida como o período colonial. Estabelecem-se novos critérios de propriedade e de trabalho. Criam-se novos modelos de produção. O mundo é inteiramente afetado por um novo comportamento a partir das viagens de Cristóvão Colombo em 1492.

Nas décadas que precederam o grande feito de Colombo, a Europa buscava novas rotas para civilizações ainda mais antigas que as do "Velho Mundo". A busca satisfazia a um mercantilismo restrito, baseado no comércio de produtos naturais já conhecidos desde a Antigüidade clássica, e em artesanias de produção lenta e específica. A ocorrência do inesperado mudou radicalmente o pensar europeu. A descoberta de novos recursos naturais foi fundamental. Graças às descobertas, os europeus passam de uma situação de dificuldades alimentares para a fartura. Das riquezas minerais limitadas pela exaustão dos solos, passam à abundância de pedras e minérios preciosos. De medicinas que já haviam demonstrado limitações, como resultado de uma vegetação pobre e também exaurida, passam a ter todo um novo herbário, abrindo-se possibilidades nunca sonhadas, por força do poder curativo das drogas obtidas das Américas.

A partir de então, o imaginário da velha Europa, limitado às tradições milenares incorporadas a um cristianismo que, para se revitalizar já começara a recorrer ao fundamentalismo, descobre novos espaços místicos, religiosos e sociais. A descoberta de religiões de uma abstração jamais alcançada pelo espírito europeu mudou radicalmente o pensar do Velho Continente. O mundo europeu, congelado em sistemas sociais de uma burocracia altamente sofisticada, em pouco tempo conheceu organizações urbanas que nem poderiam existir na ficção já empobrecida das suas elites culturais. O que aconteceu foi, na verdade, o Descobrimento da Europa. O descobrimento da possibilidade de realizar seus sonhos de poder, satisfazendo as ambições de riqueza a um nível jamais imaginado.

As possibilidades chegam à demência, disparam a febre de poder. Possuir terras mais vastas que suas próprias posses fascina então os soberanos. Possuir homens, multidões, mesmo povos, fascina os empresários e as ordens religiosas. Extrair recursos aparentemente ilimitados de terras que continham, intactas, todas as riquezas descritas por visionários desde a Antigüidade, aguça as ambições. Isso tudo exige um novo pensar filosófico, político, religioso, artístico, científico e econômico. Nasce a ordem colonial, um pensar no qual certos povos passariam a subsidiar a prosperidade de povos privilegiados.

No curso de quase quinhentos anos da ordem colonial, passa-se da era da escrita à era da industrialização. Amparada por um novo conhecimento científico, em que a reflexão e o pensar abstrato permitem criar maquinários de incrível poder, a Europa alimenta um enorme desenvolvimento da agricultura e descobre novas formas de energia nas novas terras. Surge a tecnologia industrial. A chamada Revolução Industrial gera, a partir do século XVIII, novas possibilidades de produção, de transporte e de navegação.

Ao mesmo tempo em que o trabalho escravo manual começa a ser substituído pelo trabalho das máquinas, novas formas de subordinação são criadas. Nações inteiras tornam-se fornecedoras de matérias primas que, uma vez industrializadas, retornam como produtos manufaturados, a um custo muitas vezes exorbitante. O capital que permite estabelecer esse modo de produção e de mercantilismo transforma-se numa comodidade de importância fundamental. A exploração do homem pelo homem atinge níveis jamais vistos.

Inevitavelmente, a crítica a esse modelo de sociedade, de produção e de mercado, parte de seu próprio interior. Ao lado de revoluções que procuram livrar-se do poder político originado na Idade Média, consolidado pelo colonialismo – tais como a Revolução Americana de 1776, a Revolução Francesa de 1789 e as inúmeras guerras de independência na América Latina –, revoluções internas no coração das nações capitalistas abalam as estruturas de poder da Europa. O marxismo, que culmina com a Revolução Soviética de 1917, marca o início de um novo pensar político. Ao mesmo tempo, começa a se delinear um novo pensar científico. O apogeu dessa ordem, atingido na virada do último século, marca o início de seu fim.

Os tribalismos e as novas tecnologias de comunicação

Assim como no século XVI – quando, perdidos, os europeus foram salvos por descobrir novas terras e se revitalizaram – agora parece se desenhar um caminho mais trágico. Não há o que mais descobrir para se salvarem. Recursos materiais e naturais tornam-se supérfluos. Por outro lado, os recursos morais, a criatividade, o amor e a solidariedade – ainda evidentes na nossa América Latina, como nas minorias dos Estados Unidos – estão, no Velho Mundo, afogados em competição, ganância, insegurança, fundamentalismos, tribalismos e ódio.

Podemos chamar de Primeiro Mundo as nações industrializadas, capitalistas, que estiveram à testa da ordem colonial nos últimos 400 anos. Podemos chamar de Segundo Mundo as que procuraram, ingenuamente, chegar a essa testa por vias alternativas, como o capitalismo de Estado. Hoje são consideradas, pelo Primeiro Mundo, como filhos pródigos que viram a luz e que agora retornam à casa (isto é, ao padrão capitalista puro).

Não há esperança. Não pode haver saída para aqueles que vêem seus compatriotas, seus vizinhos, seus parentes – e o que não dizer de outros povos e de outros seres humanos – como competidores. Esse desamor é a essência do tribalismo que grassa no Primeiro e no Segundo Mundo.

As novas tecnologias – sobretudo a informática e as telecomunicações – não podem ser operativas na criação de novas estruturas político-sócio-econômicas sem a dedicação plena de todos os envolvidos. As novas tecnologias exigem o despertar de uma nova consciência. Revalorizam o indivíduo pelo que ele é, não pelo que tem.

Alguns dirão: Quem manda é quem tem o *hardware* e o *software*. Não posso concordar. O *hardware* e o *software* são e continuarão sendo estúpidos, incapazes de iniciativas. A imagem de Hal, o tresloucado computador do filme *2001 – Uma Odisséia no Espaço*, continuará na ficção. Assim como o *hard*, o *software* só é operacional se houver o operador, e este é um indivíduo. Não há como remover dos seres humanos a capacidade de crítica – portanto a capacidade de resistência –, tornando operacional um sistema, como aconteceu no período colonial. Daí a grande prioridade dada nos países de Primeiro e Segundo Mundo a pesquisas com o mapeamento genético.

Não se trata tanto de produzir um indivíduo sadio, mas sobretudo de produzir um indivíduo acrítico, desprovido de emoções, de eficiência e obediência incontestáveis. O modelo dos replicantes no filme *Blade Runner* satisfaria. Na falta – ainda – de progressos na biotecnologia para se alcançar esse padrão de comportamento, o sistema educacional ainda é o instrumental mais importante para atingir esse fim. Também é importante a mídia.

O advento das tecnologias atuais de informação e comunicaçao nos convida a uma reflexão profunda sobre o passado recente. Em 1993 comemoraram-se 60 anos de ascensão de Adolf Hitler ao poder na Alemanha. Esse fato marcou o início da década mais trágica na história recente da humanidade, em que o nazifascismo e o comunismo utilizaram os então recentes avanços da psicologia de massas e das tecnologias de comunicação – como os alto-falantes e o rádio – para perverter a vontade dos povos, manipulando as informações disponíveis à estrutura de poder.

As novas tecnologias de agora, contudo, recuperam a importância do indivíduo crítico, criativo e livre que, apesar de todas as asperezas da ordem colonial, ainda está presente em grande número de povos. Esforços como os mencionados, de utilização da psicologia de massa e do sistema educacional para manipular a informação, mudando as características de populações, são historicamente conhecidas e evidentes no presente. A minha esperança reside na resistência de nossos povos a esses esforços.

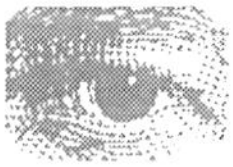

Espiritualidade nas Escolas

A pré-escola, o primeiro, o segundo e também o terceiro grau se organizaram, no Brasil e em todo o mundo, com um caráter propedêutico, sempre preparando o aluno para outra etapa, sem jamais dar à prática educativa o caráter de completar uma fase de formação como importante em si mesma. Nota-se isto também nas escolas religiosas – o que nesse caso se chama despertar vocações sacerdotais –, sobretudo nas escolas de padres e freiras, mas também em algumas instituições protestantes.

Um exemplo nos é dado pelo ensino de religião nas escolas, que deve ter a característica de terminalidade. Nisso o ensino de religião acaba se assemelhando à educação iniciática, que nas sociedades modernas tem sido não só ignorada como também reprimida. O que se refere a sexo, problemas existenciais – vida e morte – e problemas associados às drogas, entre muitos outros, tornou-se tabu. Mas esses casos, particularmente o sexo, são apenas algumas das muitas mudanças comportamentais que mereceriam ser discutidas nas escolas.

Embora todas as mudanças comportamentais estejam intimamente relacionadas, a transformação na espiritualidade dos jovens em idade escolar é aquilo que nos interessa de maneira mais direta e o que é, estranhamente, praticamente ignorado. Parece não se acreditar que o jovem tenha angústias e incertezas existenciais. Não se percebe que muito do que não se admite – e mesmo se reprime – do comportamento juvenil está vinculado a crises de espiritualidade.

A forma de conhecimento que se transmite é disciplinar, seguindo currículos mais ou menos padronizados de acordo com as teorias dos conteúdos e com as teorias de aprendizagem vigentes. Essas teorias – epistemologias – e as de aprendizagem estão fortemente influenciadas pelo estruturalismo, última etapa do pensamento cartesiano, que tem caráter eminentemente propedêutico. Sobretudo em aprendizagem, esse estruturalismo teve enorme prestígio com Piaget. Depois, Vygotsky tornou-se moda no Ocidente. Agora começa uma nova moda com um arremedo de espiritualidade e ambientalismo, de um lado, e de cinismo e arrogância do poder, de outro.

Tais modismos em educação sempre refletem a busca de alternativas sociais para corrigir os desvarios que resultaram da sociedade colonialista – degradação do homem –, imperialista – subordinação de culturas – e capitalista – uso abusivo e destrutivo de recursos naturais. Baseiam-se nos sistemas de explicações parciais e dominantes no momento, amparados em visões do mental, jamais do homem como um todo integrado no cosmos. Sistemas que resultam de um modelo cultural e científico. Resultam, na verdade, de um modelo de conhecimento que se construiu justamente para justificar os desmandos das eras colonialista, imperialista e capitalista.

Deve-se notar que a globalização do planeta se inicia com as grandes navegações. Não é de estranhar que esse momento seja, na verdade, o início do que se convencionou chamar "o mundo moderno": ciência moderna (Descartes e Newton), comportamento moderno (Descartes e Spinoza), monetarismo e mercado modernos (Copérnico) e colonialismo moderno. Essas mesmas manifestações do moderno criaram setores de conhecimento cujo objetivo é justificar as ações. Surgiram epistemologias convenientes para justificar a ciência, sistemas filosóficos para justificar o comportamento, economia para justificar as operações associadas à produção e ao mercado, e história para justificar o colonialismo.

Ao longo da história, a humanidade tem procurado explicações sobre **quem** é – e tem se acreditado o favorito de Deus –, **o que** é – e tem se acreditado um sistema complexo de músculos, ossos, nervos e humores –, **como** é – e tem se acreditado uma anatomia com vontade – e sobretudo **quanto** é – e tem se acreditado sem limitações à sua vontade e ambição. Distorções na maneira como o homem julgou têm induzido a poder, prepotência, ganância, inveja, avareza, arrogância, indiferença. As violações da Paz, em todas as suas dimensões, são fundamentalmente resultado dessas distorções. Daí as violações da dignidade humana e a eliminação do indivíduo, a inviabilidade de uma sociedade eqüitativa e uma agressividade desmesurada contra a natureza. Jamais se tentou encarar o busílis da questão: a própria questão do conhecimento, convenientemente fragmentado em disciplinas para justificar – desencorajando crítica – nossas ações em cada setor.

Acho que quem melhor descreveu as causas dessa situação foi Sri Aurobindo, quando disse: "Para a filosofia ocidental, uma crença intelectual fixa é a parte mais importante de um culto, é a essência de seu significado e o que o distingue dos outros. Assim são as crenças formuladas que fazem verdadeira ou falsa uma religião – uma teoria, uma filosofia, uma ciência –, de acordo com sua concordância ou não com o credo de seus críticos" (Sri Aurobindo, 1872-1950). Ora, o que se ensina fica, portanto, esvaziado de possibilidades de crítica.

A crítica ampla é necessariamente holística. Porém a culminância do moderno acabou provocando a fragmentação do homem em "componentes": racional, social, econômico. Parafraseando Allan Bloom, na sua excelente crítica *The Closing of the American Mind* (Simon and Schuster, Nova York, 1987), poderíamos dizer que o que caracteriza o homem moderno é sua crença de ser o trabalho necessário para produzir bem-estar. É seguir suas inclinações com moderação, não porque seja moderado, mas porque suas paixões são balanceadas e ele reconhece a racionalidade desse equilíbrio. É respeitar o direito dos outros para assim ter respeitados os seus. É obedecer a lei que ele próprio fez em seu próprio interesse. Na verdade aí se reconhece a essência do apelo ao trabalho e à cidadania, tão comum nos dias de hoje, e que constitui a moral de comportamento que se procura inculcar nas crianças. Como diz Bloom, "do ponto de vista de Deus ou dos heróis, nada disso é muito inspirador. Mas para os pobres, os fracos, os oprimidos – a maioria esmagadora da humanidade –, é a promessa de salvação" (*op. cit.*, p. 167). Isso é o que Bloom chama de caráter lockeano do homem moderno.

Se atentarmos para o conhecimento associado a esse comportamento, notaremos a inexistência de uma ética maior. O conhecimento progride sem uma ética maior, que deveria reconhecer o valor intrínseco do indivíduo – **vale porque é**, não pelo como é –, a necessidade absoluta do outro – **sem o qual se decreta a extinção da espécie** – e da sua integração no cosmos – **como parte essencial de um todo**. Restabelecer essa ética me parece prioritário. É o que proponho na **ética da diversidade**:

1. **Respeito** pelo outro com todas as suas diferenças.
2. **Solidariedade** com o outro na satisfação de necessidades de sobrevivência e de transcendência.
3. **Cooperação** com o outro na preservação do patrimônio natural e cultural comum.

Respeito não porque "modelei" o outro ao que me agrada. Não porque ele me espelha, nem porque o converti.

Tudo o que mais nos tem chocado no comportamento do indivíduo e da sociedade é uma violação do item 1. Desde a educação castradora, magnificamente caricaturizada por Anthony Burgess no *Clockwork Orange*, até a procurada e desejada manipulação genética de seres humanos, tão bem retratada no filme *Blade Runner*, o respeito vem pela transformação do outro, pela produção de um outro. Não se trata de aceitar o outro desde que se tenha convertido, pois aí está a origem das grandes violências de natureza religiosa e gremial.

A solidariedade com o outro não se manifesta apenas na satisfação de necessidades materiais. Não basta dar o pão. É necessário também dar o ombro para o outro chorar ou rir, e dançar ou cantar junto nas necessidades emocionais. Comer, mas comer junto, comungar. Daí todo o sentido da eucaristia e de outras formas de agradecimento/sacrifício, da comida de santo depois do culto do candomblé. Não basta apenas saciar a fome.

A cooperação corresponde ao "científico", se assim podemos chamar. A cooperação no sentido total é que deu origem ao *Homo faber*: uma pedra lascada ou uma alavanca são modelos de cooperação homem-natureza. Alimentar-se é o mesmo. Uma vida – planta ou animal – se extingue para que outra continue. Uma célula é destruída para a sobrevivência de outra. A vida só é possível porque há cooperação no sentido mais amplo. Claro, isso tem profunda influência nos nossos modelos de comportamento.

As violações da Paz, em todas as suas dimensões, são fundamentalmente violações desses princípios éticos. Não tenho dúvidas sobre o esquema a seguir:

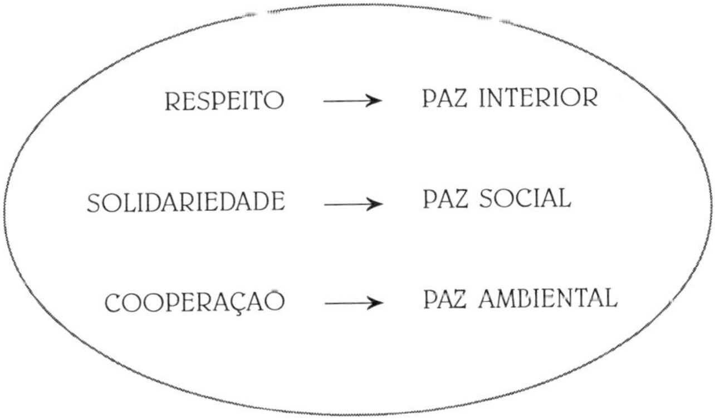

Para mim, este é o componente espiritualidade na educação. Muitas vezes isto é atingido no ensino religioso, mas nem mencionado no ensino científico. Vão perguntar: mas e os credos, onde está Deus, Cristo, Buda, ou os muitos outros? Naturalmente, a religião tem sido na história da humanidade, juntamente com a arte, o caminho para a transcendência. Mas o que move o homem na busca da sobrevivência e da transcendência?

Fala-se muito em energia. Vejo a energia como a essência dessa busca incessante e integrada de sobrevivência e de transcendência. O sobreviver se dá no presente. Transcender é mergulhar no passado e incursionar no futuro. Daí saem os sistemas de explicação – história – e os sistemas de adivinhação e de predição – oráculos e ciências. Tudo se integra nas religiões e ciências – que transcendem o tempo – e nas comunicações e artes – que transcendem o espaço. Obviamente, transcender tempo e espaço não são dicotômicos. Portanto, comunicações, religiões, artes e ciências andam juntas. Não se separam. Basta um panorama da evolução da humanidade para nos convencer de que esses quatro estilos de comportamento caminham de mãos dadas. Na filosofia moderna tentou-se enquadrar isso em regiões do cérebro que cuidam especificamente do sensorial, do emocional, do intuitivo e do racional.

Um princípio: o essencial na educação é restabelecer a integridade do homem e do conhecimento, sensorial + emocional + intuitivo + racional, todos integrados na totalidade mente + corpo + cosmos, e temperados com a ética da diversidade.

Como realizar esse princípio? Minha proposta é tratar de tudo o que apontei neste texto. Naturalmente, os professores e as autoridades educacionais querem alguma orientação, algo como um currículo. Minha resposta é:

Unidades:

1. História: cosmos, planeta, vida e homem.
2. Problemas filosóficos maiores: criação, natureza, vida, homem, consciência, ética.
3. Paz (nas quatro dimensões) como estado natural e as violações (das quatro dimensões) ao longo da história.

Como estratégia de trabalho em aula, proponho o modelo de currículo dinâmico:

a. Motivação através de preleção, com fotos, filmes, leitura de periódicos e trechos de livro. Tudo acompanhado de discussões.

b. Reflexão mediante diálogo, além de sessões de perguntas e respostas. Tudo seguido de comentários.

c. Trabalho individual, na forma de uma redação.

d. Trabalho coletivo, na forma de uma pesquisa (pode ser entrevista na própria escola, na comunidade, na família, com questionário; pode-se filmar ou gravar em áudio).

Apresento uma regrinha simples para a execução dessa estratégia. As fases acima correspondem a:

a. O momento de o aluno **ouvir**.

b. De **falar** e **ouvir**.

c. De **falar**.

d. De **cooperar**.

Nessas fases reconhece-se a prática da ética da diversidade.

Que referências temos para esse curso? Há muito material para se usar na fase *a*. Lembro o documento *The Seville Statement on Violence – Preparing the Ground for the Construction of Peace*, publicado pela UNESCO (Paris, 1991), que mereceria ser traduzido para o português. Também importante é a publicação *Declarações dos Fóruns de Ciência e Cultura da UNESCO e a Carta da Transdisciplinaridade* (Textos

Universitários, Editora da Universidade de Brasília, 1994). Naturalmente, lembro jornais, revistas e noticiários de televisão. A parte mais formal pode ser de um bom livro de história. Como sugestões de leitura, para que professores e organizadores de currículo possam encontrar exemplos e alguma reflexão teórica, proponho:

Daniel Quinn, *Ismael*, Best Seller, São Paulo, 1994.
Al Gore, *Terra em Balanço*, Augustus, São Paulo, 1994.
Robert Reich, *The Work of Nations*, Vintage Books, Nova York, 1992.
Francisco di Biasi, *O Homem Holístico*, Vozes, São Paulo, 1995.

Da Sobrevivência à Transcendência

Ao leitor: Finalizo com uma mensagem de esperança para o futuro da humanidade. Pago o tributo de ser franco no recado – amor é do que precisamos – e didático no estilo – cada indivíduo, do mais simples ao mais sofisticado intelectual, tem a responsabilidade e os meios para atingir o sublime.

A opção de neste livro evitar a habitual lista de citações de personalidades, e a fuga à verbosidade que caracteriza o discurso pós-moderno, expõem-me ao risco de ser criticado e até mesmo ignorado. Assumo esse risco, sei que posso buscar conforto em muitos outros pensadores. Em particular, em Edwin A. Abbott (1838-1926), com quem aprendi bastante. Há cerca de 100 anos ele tentou mostrar, num livrinho muito simples e acessível, *Flatland. A Romance of Many Dimensions*, o quão escassamente os homens estavam agindo no sentido de alcançar dimensões mais altas de humanidade. Foi chamado de simplório. Mesmo procurando manter-me num estilo menos acadêmico, neste último capítulo utilizarei o recurso de algumas notas e referências bibliográficas.

Comportamento humano e ação

No brevíssimo curso de sua presença no planeta, o homem está ameaçado de extinção[1] e, ao mesmo tempo, maravilhado por ver-se como foco do processo. Propomos o entendimento do *Homo sapiens sapiens* como uma criatura em busca da sabedoria do sublime.

Comportamento e vida humana são inseparáveis. A vida é a ação praticada pelo indivíduo na **realidade** e para ela. Uma ação que segue uma estratégia planejada por ele mesmo, como resultado de sua **vontade**, e, posteriormente, do processamento da informação que vem da realidade. Concordamos com o sentido de realidade aceito por Basarab Nicolescu: "*une realité d'interaction ou de participation*"[2]. Vemos a vontade, somada ao processo de informação, como a essência do comportamento inteligente e livre, que caracteriza nossa espécie, define nossa existência. Existe-se na medida em que se reage aos impulsos (informação) da realidade e, voluntariamente, processa-se essa informação, definindo estratégias para a ação sobre o real. A dinâmica do processo

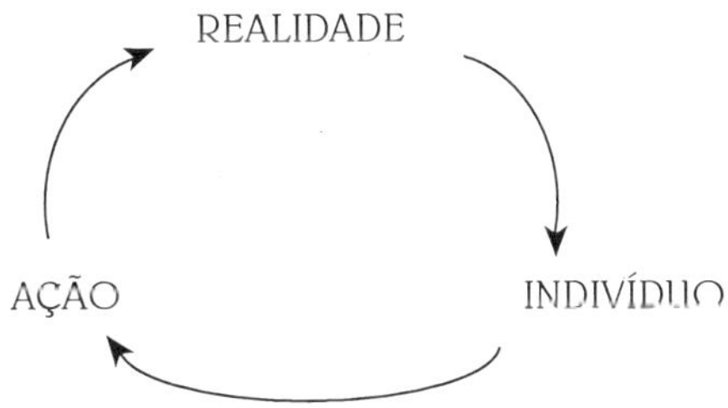

é a dinâmica da vida. Todos nós, como seres humanos vivos, a ela estamos sujeitos[3]. Também graças a ela somos todos responsáveis pela modificação da realidade. Até que ponto? Na medida da nossa sanidade[4].

A ação manifesta-se de várias formas. O leque compreende tanto a ação que leva à sobrevivência e à satisfação de necessidades comuns a todos os seres vivos, como a que satisfaz as necessidades humanas de explicação, entendimento e criação. Neste último caso, referem-se ao processo de transcender sua própria existência e projetar-se tanto no passado quanto no futuro.

Refletindo sobre o comportamento das espécies vivas, descobrimos uma forma de sabedoria da natureza. Isso se vê nas leis que determinam comportamentos rigorosos e predizíveis, e igualmente na complexidade que desafia as suposições básicas de causa e efeito, tendo de ser reconhecidas como inacessíveis ao nosso atual entendimento.

A crença na primeira hipótese leva ao sucesso da abordagem reducionista. Se nos aprofundarmos nos fenômenos, estreitando crescentemente os campos de interesse, examinando-os sob preceitos metodológicos cada vez mais limitados, não evitaremos a necessária busca de explicações globais. Assim, pavimentamos o caminho para as abordagens multidisciplinares e interdisciplinares. Mas estas não passam de incursões recorrentes ao desconhecido, com instrumentos metodológicos idênticos ou similares, desviando o foco para outras categorias de questões. Não seremos bem sucedidos em nossa busca de explicação se continuarmos no plano dos métodos científicos clássicos. Tampouco se centralizarmos nossos propósitos nas funções e seus domínios e antidomínios, restringindo nossa análise ao modelo causa-efeito. Precisamos dar um passo além, investigando as categorias de análise em si mesmas, entendendo as relações entre os objetos e suas dependências dentro das várias categorias[5]. Isso é semelhante ao que tem sido chamado, na matemática, de análise **functorial.** Nosso propósito requer uma análise do processo como uma totalidade.

O esquema a seguir é apropriado para descrever as relações e a interdependência dos indivíduos, das sociedades (como grupos de indivíduos) e da natureza. Os três relacionam-se entre si de acordo com estratégias de sobrevivência. Deixaremos em aberto a explicação para essas estratégias, seja de acordo com as leis precisas com que a sociobiologia tenta entendê-las, seja de acordo com um comportamento caótico ou sinérgico. O fato é que a sobrevivência, inerente às espécies vivas e ao equilíbrio, precisa que o triângulo – simbolizado na figura a seguir – seja mantido. As modificações ocorrem nas eventuais alterações das espécies.

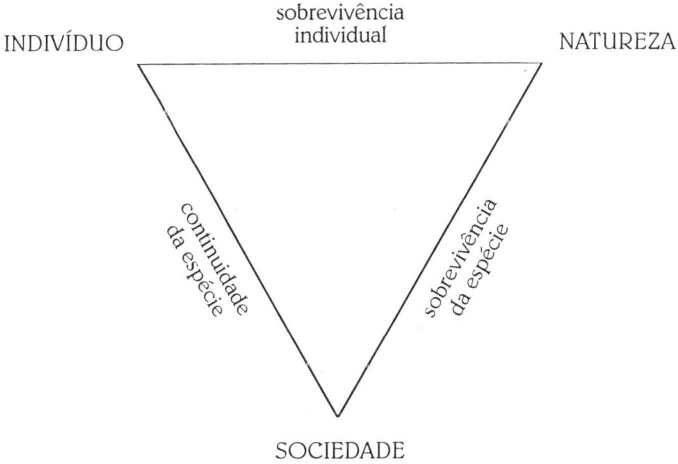

Os relacionamentos – tais como o acasalamento e as composições societárias – são bem conhecidos entre os indivíduos das mesmas espécies, enquanto as ações coletivas obedecem a modelos comportamentais ditados pela estrutura genética. Ao mesmo tempo, os indivíduos devem relacionar-se com seu ambiente e com outras espécies, por meio da ação sobre a natureza na qual estão imersos, como parte integrante e não como meros predadores. Essas ações são essenciais para a sua própria sobrevivência. Coletivamente, na condição de sociedade, são essenciais para conservar o equilíbrio. Esses comportamentos, representados pelos lados do triângulo acima, são regulados pelos princípios da fisiologia animal, da sociobiologia e da ecologia.

Nos lados do triângulo reconhecem-se os grandes objetivos da abordagem disciplinar – quando muito interdisciplinar – aos domínios dos saberes conhecidos como fisiologia, sociobiologia e biologia. No entanto, uma visão global requer uma abordagem transdisciplinar. Isto leva à metáfora geométrica, na qual vemos o triângulo como a essência do fenômeno vital. A quebra desse triângulo, em qualquer de seus lados, resultaria no término da vida no planeta. Podemos então chamá-lo de **triângulo da sobrevivência** e ao universo no qual o colocamos – que em nossa imagem metafórica é o plano total –, de **realidade.** Como na aventura do Quadrado de Abbott[6], investigaremos os três espaços dimensionais mais altos, onde encontraremos o *Omni.*

Na longa história do cosmos, que está para a realidade em sua totalidade, a vida surge relativamente tarde e numa parcela diminuta. Desde então, tem-se manifestado como um fenômeno de vários tipos. Outras formas de vida, em universos diferentes, poderiam requerer metáforas geométricas diversas. Dificilmente poderemos conceber os mesmos princípios de fisiologia, sociobiologia e ecologia num possível equivalente de vida extraterrestre.

Nesta realidade metafórica de nível de vida, os hominídeos surgem – pela criação ou pela evolução –, há cerca de 4.5 milhões de anos. Do Australopiteco até o *Homo sapiens* e, finalmente, até nossa espécie, o *Homo sapiens sapiens,* outro triângulo se superpõe ao da sobrevivência, que, todavia, continua a ser a essência do fenômeno vital.

Quando o *Homo sapiens* surgiu para a vida, ferramentas, instrumentos, equipamentos e técnicas entraram em jogo, desempenhando um papel nessa composição. As relações dessa nova espécie com a realidade natural – da qual era também parte integrante e não apenas simples observadora –, não puderam fugir ao modelo do triângulo da sobrevivência. Mas essas novas espécies puderam desenvolver outras características importantes. Por exemplo, um desenvolvimento peculiar do pescoço e da cabeça, manifestado principalmente por uma estruturação especial do ouvido interno, possibilitou a postura bípede, permitindo também um senso mais apurado de observador. Por sua vez, a diferenciação da parte superior da traquéia – que propicia diversas combinações de sons – torna possível uma forma muito sofisticada de comunicação.

Essas características, combinadas com um desenvolvimento do córtex cerebral, dão origem a espécies com um melhor controle corporal; uma aguda capacidade de receber grandes quantidades de informação e de processá-las com uma enorme sensibilidade de memória; um desenvolvimento de uma forma criativa de comunicação – a linguagem –, e ainda uma noção de passado e futuro. As características animais, além do impulso para a sobrevivência, tornam-se subordinadas à inteligência e à vontade. Este é o *Homo sapiens sapiens.*

Cada indivíduo dessa nova espécie, o *Homo sapiens sapiens*, que se autodenomina homem[7], está, como qualquer outra espécie viva, em constante processo de luta por sua própria sobrevivência e pela continuidade da espécie. No entanto, nesse processo o homem vai adquirindo mediadores entre ele próprio, seus semelhantes e a natureza, tais como instrumentos, equipamentos e técnicas de comunicação. Alguns deles, com efeito, desfiguram a natureza. Outros resultam num aglomerado de fatos naturais. A natureza agora apresenta fatos novos, artefatos e mentefatos – fatos produzidos pelo homem como indivíduo. A realidade é assim modificada, ampliada.

Por meio dos sentidos – que ainda são minimamente conhecidos e controlados pelo homem – os artefatos informam outros indivíduos, enquanto que os mentefatos informam só aqueles que os produzem. Nossos sentidos são capazes de reconhecer o que pode ser explicado como materializações. As vibrações, a luz, o som e ondas ou partículas não sensíveis, são capazes de produzir sensações sensíveis. As altas freqüências, contudo, não são captadas pelos sentidos humanos, mas sim pelos de outros animais[8].

Cada indivíduo da espécie *Homo sapiens sapiens* é equipado com características internas, que submetem a luta pela sobrevivência individual e a continuidade da espécie – características de todos os seres vivos – a ele próprio e à sua vontade. Desse modo, desenvolve um comportamento peculiar, exclusivo da sua espécie, que é o poder de decidir sobre seu comportamento. Este é um princípio essencial, chamado, nas diferentes tradições, de espírito, alma, ânima, carma e várias outras denominações. A vontade gera a necessidade essencial de explicar, entender, transcender a própria existência da pessoa, extraí-la de seus ancestrais, projetá-la nas gerações futuras. Assim, o homem adquire um senso de passado e futuro – o senso do tempo. O impulso para a sobrevivência é, desse modo, associado ao que se orienta para a transcendência. Os dois juntos configuram a essencialidade da vida humana. Comer, respirar e procriar, adquirem um novo significado. O impulso puramente animal para a sobrevivência do indivíduo e da espécie, a nutrição e o acasalamento, são agora associados à transcendência. A alimentação e o acasalamento são relacionados com o prazer, e as emoções são impregnadas de rituais.

A descoberta do outro medeia a relação entre o indivíduo e a sociedade. A busca do outro, um mero mecanismo para a continuação da espécie nos demais seres vivos, adquire outra dimensão com o homem. A procura e a descoberta do "tu" é o primeiro passo para a transcendência do espaço pessoal, para que a pessoa se projete. Na verdade, trata-se de um passo preliminar, necessário para a transcendência da própria existência da pessoa. O reconhecimento do "tu" e a busca de um "tu compartilhado" levam naturalmente à criação de mitos e símbolos, tradições e normas, sabedoria e conhecimento – cultura, em seu sentido mais amplo. Os indivíduos subordinam-se a essas categorias de comportamento, que intermedeiam suas relações com os semelhantes. Essas categorias dominam as relações entre os indivíduos e as sociedades, bem como entre as sociedades de indivíduos e a realidade em si. A força impulsionadora da sobrevivência das espécies é, assim, modificada por fatores resultantes dessas mediações. Como exemplos podem-se citar o trabalho e sua divisão, a propriedade, a estrutura do poder e a hierarquia. Da mesma forma, essas características sobrepõem ao triângulo da sobrevivência um outro: o **triângulo da transcendência**, responsável por novas intermediações entre os indivíduos, a natureza e as sociedades (meramente como grupos de indivíduos).

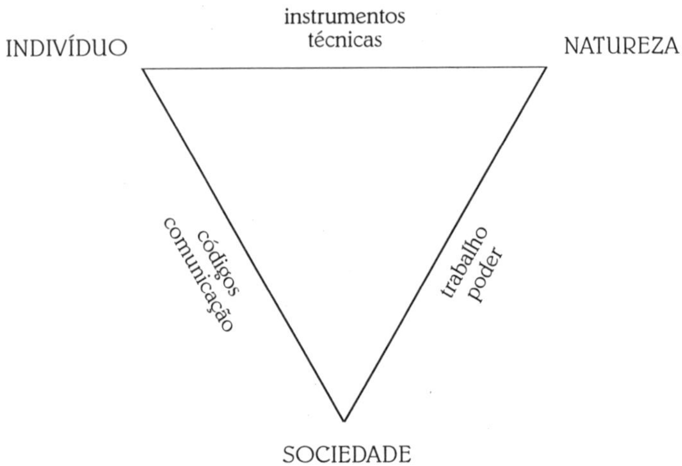

As novas intermediações são a essência do que se tornou conhecido como conhecimento, o *matema*. Isso é reconhecido na aquisição de habilidades, capacitações, modos de fazer, explicar, entender, lidar com as necessidades da sobrevivência e transcendência. Assume o caráter de distintas formas de comunicação, invenção de diferentes instrumentos, aceitação de modos diversos de auto-organização e divisão do trabalho. Grupos de indivíduos que vivem em sociedade, sujeitos a condições naturais específicas, compartilham as mesmas respostas a estas especificidades, o mesmo *matema:* os modos e estilos resultantes da sobrevivência e transcendência, que se manifestam nas comunicações, instrumentos e técnicas, poder e estrutura de trabalho, mitos e símbolos, religiões e sistemas de explicação. Em outras palavras, o que chamamos simplesmente de cultura. Estas formas de comportamento são incorporadas ao acervo do conhecimento comum, que aglutina um grupo de indivíduos, uma comunidade, uma sociedade unida e operacional. A cultura, assim, manifesta-se em formas e domínios diferentes inter-relacionados. Formas culturais como linguagem, práticas matemáticas, sentimentos religiosos, estrutura familiar, modos de vestir e comportamentos, são desse modo diversificadas. Elas são, é claro, associadas à história dos grupos de indivíduos, comunidades e sociedades onde se desenvolveram.

As diversidades culturais estão presentes e são inevitáveis. Uma comunidade maior divide-se em distintas variantes culturais, cada uma possuindo sua própria história, respondendo diferentemente aos mesmos estímulos. As relações intraculturais são enriquecedoras mas, ao mesmo tempo, desafiadoras. Os conflitos interculturais – assim como os intraculturais, muitas vezes – são impossíveis de evitar. Viver com esses conflitos de cultura é o principal tema da **dinâmica cultural.** Alcançar a aptidão de conviver com conflitos culturais é o objetivo fundamental da civilização.

A ESSÊNCIA DA HUMANIDADE

Qual é o significado de ser humano? Qual é a essência do ser humano?

O jogo entre o substantivo e o verbo – ser e ser – sintetiza esta discussão. A essência da humanidade é alcançada quando os dois são confundidos. Isso só pode acontecer numa dimensão superior à rasa realidade bidimensional.

A estrela resultante da superposição dos dois triângulos – sobrevivência e transcendência – é o símbolo metafórico da espécie. É o aspecto substantivo do *Homo sapiens sapiens*. A metáfora produz a estrela resultante dos dois triângulos superpostos, como a essência do ser humano.

Alicerça a realização, pela espécie humana, de suas necessidades essenciais de sobrevivência e transcendência. Essa metáfora geométrica da estrela da essencialidade é um exemplo do que escrevemos alguns parágrafos antes. Tudo isso está imerso numa realidade material, na qual a transcendência não pode ser realizada. A realidade material é o presente, o momento que estamos vivendo. Metaforicamente, é um universo tridimensional, o aqui e agora, o espaço e o tempo sensíveis.

Assim, a espécie humana dá um passo na direção de uma outra dimensão. Isso a diferencia de todas as outras espécies vivas. Transcender é o esforço de ir além da realidade, é um movimento para outra dimensão. Não podemos alcançar o passado nem o futuro, mas somos dirigidos por eles. Passado e futuro, como possibilidades de comportamento que conduzem para além da realidade, estão fora do espaço tridimensional do real. A entrada do homem nesta nova dimensão significa alcançar a espiritualidade, atingir o carma. É o passo que supera a materialidade da realidade tridimensional. O impulso para isso é a essência da vontade. Assim o homem atinge a plenitude, alcança a humanidade, apodera-se de seu *self*. Tal façanha só ocorre nessa realidade tridimensional potencializada. Este é o nosso conceito de realização plena da condição de ser humano.

Tudo isso está imerso numa realidade dimensional mais alta? Vai além de nossa capacidade de percepção como espécie?

Podemos atingir a realidade tridimensional potencializada. É nosso objetivo, tanto como indivíduos quanto como espécie, atingir essa plena dimensionalidade de sermos humanos. Sondamos o desconhecido em suas dimensões mais altas, que são domínio da onisciência, da onipotência e da onipresença, "porque vemos sempre algo cada vez mais maravilhoso, a tal ponto que o homem não se cansa nunca de olhar e aprender" (Jakob Boehme)[9].

Notas

1. Mesmo sem querer ser catastrofistas, não podemos evitar o reconhecimento dos perigos que enfrenta a natureza, principal mente a humanidade.

2. Basarab Nicolescu, *La Science, le Sens et l'Évolution. Essai sur Jakob Boehme*, Éditions du Félin, Paris, 1988, p. 127.

3. Ubiratan D'Ambrosio, *Da Realidade à Ação*, 3ª edição, Summus, São Paulo, 1995.

4. Insano é alguém que se conforma inteiramente com a realidade. Ou, igualmente, alguém que não aceita suas limitações.

5. Aqui, a influência é de uma frase de Norbert Wiener, em *Cybernetics*, John Wiley and Sons, Nova York, 1948.

6. Edwin A. Abbott, *Flatland – A Romance of Many Dimensions*. Com introdução de A. K. Dewdney, New American Library Inc., Nova York, 1984.

7. Poderia, nesse momento, optar por "mulher" ou "criança", ou usar sempre homem/mulher e ele/ela, como faz a maioria dos autores. Não estou convencido de que esse artifício tenha qualquer efeito sobre machos ou fêmeas da espécie humana, a não ser a exteriorização – ou às vezes a dissimulação – de atitudes e comportamentos internos desprezíveis. Não hesito em expressar, em todo momento e lugar, meu profundo respeito pelo outro sexo, bem como minha ativa solidariedade com a luta das mulheres, no sentido de corrigir toda uma história de discriminação e exploração. Respeito e solidariedade pelo outro vão além da expressão escrita de gênero.

8. Muitas comunicações mentais à distância e depois da morte têm sido relatadas. Sejam fatos ou embustes, formam parte integrante do imaginário humanc. Têm sido explicadas como aptidões extra-sensoriais de certos indivíduos. São similares ao que, há 200 anos, aceitava-se como explicação para comportamentos esquizóides.

9. Ver Basarab Nicolescu, *op. cit.*

Três Lições Inspiradoras

Quando eu era pequeno me diziam:
"Você verá quando crescer".
Agora sou um homem velho,
e ainda não vi coisa alguma.

Erik Satie

Nada impedirá à humanidade
e ao potencial humano
de evoluir, a partir de um caos renovado,
em direção a algo magnífico.

D. H. Lawrence

Um amigo de Niels Bohr: "Você realmente
acredita na superstição das ferraduras?"
Reposta de Bohr: "Claro que não".
O amigo: "Então por que tem uma pendurada
em sua casa?"
Resposta de Bohr: "Porque já se demonstrou
que ferraduras trazem boa sorte, mesmo para
aqueles que não acreditam nelas".

Niels Bohr

O músico Erik Satie (1866-1925), o escritor D. H. Lawrence (1885-1930) e o físico Niels Bohr (1885-1962) assistiram a entrada do século XX e influenciaram a sua trajetória.

As mensagens desses pensadores que escolhi para fechar este livro nos falam do que tem sido tão esquecido pela humanidade: **humildade, esperança e respeito.**

Os leitores que estiverem interessados em manter uma troca de idéias sobre o exposto neste livro estão convidados a me escrever:

Rua Peixoto Gomide, 1772 - ap. 83
01409-002 - São Paulo, SP
ubi @ usp.br

IMPRESSÃO E ACABAMENTO
YANGRAF
GRÁFICA E EDITORA LTDA.
WWW.YANGRAF.COM.BR
(11) 2095-7722